救国の八策

佐々淳行

幻冬舎

救国の八策

目次

第1部　なぜ今、「船中八策」ブームなのか

第2部 「救国の八策」私の提案

第一策――海防論

第二策――外交論

第三策――皇室論

第四策——憲法論

第五策——国防論

第六策――治安・危機管理論

第七策――エネルギー・食糧論

第八策――経済論

第3部 平成の七不思議――誰が聞いてもおかしなこと――

装幀　平川　彰（幻冬舎デザイン室）

第1部　なぜ今、「船中八策」ブームなのか

■救国の政治家か、ただのポピュリストか

橋下徹大阪市長の率いる「**大阪維新の会**」が今、中央政界をも揺るがす存在として、一躍注目を集めている。大阪府に基盤を置く地域政党である「大阪維新の会」に国民は、閉塞《へいそく》感の漂う日本を根本的に変える存在になるのではないかと期待を寄せる。二〇一一年十一月、大阪府知事・大阪市長のダブル選挙での圧勝が、そのまま日本を変える一大勢力になるのではないかと予感させるのだ。

橋下氏に対しては「ポピュリスト」という否定的なものから、「強いリーダーシップの持ち主」という肯定的なものまでさまざまな評価がなされているけれども、いずれにせよ私は彼を「**一〇〇年に一度の政治家**」ではないかと見ている。強い信念と正義感を持ち、現代においてこれほど政策提言に命をかける人物はいないと思うからである。ただ、まだまだ未経験かつ不知の部分が残されている。

私が最初に好感を持ったのは、彼が弁護士の時代である。

多くの方が記憶にあるだろうが、弁護士として活躍していた橋下氏は、山口県光市母子殺害事件において、被告人の極刑回避に手段を選ばない弁護団に対する懲戒請求を、テレビで国民に向かって呼びかけた。同業の弁護士を痛烈に批判することは、弁護士会へ弓を引く行為でも

ある。弁護士は資格を持っているだけではダメで、弁護士会に所属しないと活動できないのだから、これは相当の勇気が必要になる。被害者の側に立って堂々と意見を述べる姿に、私は志の高さを感じたものだ。

テレビの呼びかけに応じて、私と妻はそれぞれ当該弁護士らの懲戒請求をしたところ、手続きが厄介な上に、問題弁護士から恫喝《どうかつ》めいた反撃を受けた。怒った私は全面戦争をしてやろうと思ったが、周りから止《や》めろやめろと制止されて、全面戦争は手控えたという後日談もある。

橋下氏は二〇〇八（平成二十）年、大阪府知事に就任して以降、現在に至るまで、部落解放同盟、労働組合や教育委員会といった、これまで政治家が対峙《たいじ》できなかったさまざまな勢力を相手に、断固とした姿勢を貫いている。市職員の給与をカットしたり、形骸《けいがい》的な事業をストップさせたりと、剛腕を発揮した実行力も証明されてきた。

世論調査において、維新の会がどの既成政党よりも高い支持を獲得しているのも、「**橋下氏ならば改革を成し遂げてくれるに違いない**」という**期待**の表れであろう。民主党政権の下、震災復興も遅々として進まず、国会議員定数の削減などの道筋も見えない状況に、橋下氏のスピード感は、きわめて魅力的だ。

その維新の会は、今、国政進出を目論《もくろ》んでいる。大阪にとどまらず、各地で高まる国民の支持を受けて、「大阪から日本を変える」「日本を変えるチャンスは今しかない」と、国政への傾斜を強めているのである。

ただ、私のライフワークである国家危機管理体制の確立については、まだ橋下氏の治安・防衛・外交・危機管理の基本姿勢が明らかでないので、今少し距離を置いて橋下氏の言動を見守っているところだ。

■維新版「船中八策」の発表

二〇一二年二月中旬、「大阪維新の会」による「船中八策」（以下、「維新八策」）が打ち出された。言うまでもなく、この名称は幕末の志士・坂本龍馬が起草したといわれる「船中八策」になぞらえたものである。

昨今、「船中八策」という言葉が、広く知れ渡るようになったのは、二〇一〇年のNHK大河ドラマ『龍馬伝』からであろう。若き日に司馬遼太郎氏のベストセラー小説『竜馬がゆく』を読んで知ったという人も少なくあるまい。

一八六七（慶応三）年、薩摩《さつま》・長州が中心になって武力による倒幕の準備が進む中、坂本龍馬は将軍が自ら政権を朝廷に返上する「大政奉還」を実現しようと奮闘していた。龍馬は、国内の騒擾《そうじょう》に乗じて列強の食い物にされることを避けなくてはならないと考えていた。幕末、あまたの志士が現れた中で、ただ一人、幕府を倒したあとにどんな維新政府をつくるかということまで考えていたのである。

その龍馬が、同年六月九日、土佐藩船「夕顔丸」に乗船して長崎から兵庫へと向かう。その船中で土佐藩参政・後藤象二郎の前で書き上げた維新後の八つの大方針が「船中八策」とされている。

ここで示された大政奉還のアイデアが後藤象二郎を通じて前土佐藩主・山内容堂《やまうちようどう》から第十五代将軍・徳川慶喜《よしのぶ》への進言となり、それまでの世界史にも類例のない平和的な政権交代となったのである。

天才的な発想力と、比類なき行動力で歴史的な大転換を成し遂げた龍馬に、あやかろうとする政治家は後を絶たない。野田佳彦《よしひこ》総理も、かつて新進党から出馬して落選し二〇〇〇（平成十二）年の衆議院議員選挙で民主党議員として返り咲く間に、「ニッポンまる洗い」というキャッチフレーズを掲げていたという。**「日本を今一度せんたくいたし申候《もうしそうろう》」**とは、龍馬が姉の乙女《おとめ》（本名は留《とめ》）に送った手紙の一文だ。龍馬のイメージに自分を重ね合わせるのは勝手だが、理念も行動も懸絶していたのでは恥ずかしい。有権者はしらけるばかりである。

橋下氏の高い志と強い指導力、勇気、行動力を評価していた私は、龍馬の遺志を継ぐ救国の英雄になるかと期待して、二月十三日に示された「維新八策」の骨子を見た。

だが残念ながら、**一読して失望せざるを得なかった**。龍馬が命がけで訴え、実現しようとした内容が何も反映されていないではないか。国家の基本たる肝心の安全保障・防衛・外交がそっくり抜け落ちていて、これではウソ八百の民主党のマニフェストと変わらない。泉下の龍馬も哭《な》く。

橋下氏は、忙しすぎてこの八策を熟読推敲《すいこう》していないのかもしれない。

しかしなぜ今、維新なのか。なぜ今、「船中八策」になぞらえるのか。国政を担おうとするなら、日本が独立国として繁栄するために龍馬が知恵を絞り、行動し、命をかけたという史実に今一度、思いを至らせていただきたいと思う。

■龍馬が掲げた「船中八策」とは

「船中八策」とはいかなるものか、ここで振り返ってみたい。

もし徳川幕府が大政奉還を受け入れて政権を返したとしても、朝廷はたちまち困ってしまう。倒幕側にも、新政府の明確なビジョンがあったとは言い難いから、悪くすると島津幕府や毛利幕府が登場する可能性すらあった。それでは、何のために多くの志士が幕末の動乱によって命を落としたのかわからなくなる。

それゆえに龍馬は、**新政権の目指すべき方針**を、以下の八策にまとめて示したのである。

一、天下ノ政権ヲ朝廷ニ奉還セシメ、政令宜《よろ》シク朝廷ヨリ出《い》ヅベキ事。

一、上下議政局ヲ設ケ、議員ヲ置キテ万機ヲ参賛セシメ、万機宜シク公議ニ決スベキ事。

一、有材ノ公卿《くぎょう》諸侯及ビ天下ノ人材ヲ顧問ニ備ヘ官爵ヲ賜《たま》ヒ、宜シク従来有名無実ノ官ヲ除クベキ事。

一、外国ノ交際広ク公議ヲ採リ、新《あらた》ニ至当ノ規約ヲ立ツベキ事。

一、古来ノ律令ヲ折衷シ、新ニ無窮ノ大典ヲ撰定スベキ事。

一、海軍宜シク拡張スベキ事。

一、御親兵ヲ置キ、帝都ヲ守衛セシムベキ事。

一、金銀物貨宜シク外国ト平均ノ法ヲ設クベキ事。

幕府に政権を朝廷に返す大政奉還を求め、新しい国家の基本方針を天皇親政にする旨を真っ先に述べている。その上で二院制議会の設置を明示し、名目的な官職を廃止して実力のある人物を登用し、権限を与えるべきだとする。能力よりも門閥を重視する幕藩体制では、押し寄せる列強に対抗できるものではない。国民国家として発展させない限り、日本の将来は危ういことを龍馬は熟知していた。

また、過去に幕府が結んだ不平等条約の改正を訴えている。この時点で、日米和親条約や日米修好通商条約などの不平等な内容の条約が、アメリカ、イギリス、フランス、ロシア、オランダ、ポルトガル、プロイセン、イタリアと結ばれていたのである。維新後、こうした不平等条約の改正に日本はたいへんな苦労をすることになるのだ。

さらに従来の法律を廃止して、「不磨の大典」をつくるという憲法制定の提案があり、海軍の増強が不可欠であると述べている。私設海軍であり貿易商社でもあった海援隊を組織していた龍馬は、海に囲まれた日本にとって海防力がいかに重要であるか、強く認識していたのである。また天皇の親兵を設け、京都の警備を行わせることを主張し、国内の治安を安定させることにも目配りが利いている。

ここまでは国家の基本形態に関する提言だが、最後の第八策だけはいささか毛色が違う。金銀の交換比率を国際的な法律によって定めよ、という通貨に関する経済政策である。

当時、日本は銀本位制であった。そして金と銀の交換比率は、金小判一枚に対して、一分銀四枚。一方、欧米諸国は金本位制で、交換比率はイギリスポンド金貨一枚に対して、メキシコ一ドル銀貨一四枚であった。するとどのようなことが起こるか。

グラヴァーたち武器商人が典型だが、日本人にものを売ったとき金貨（小判）で払わせる。それをイギリスで銀に替えるのである。するともともと日本国内で銀貨四枚であったものが、メキシコ銀一四枚に化けるというわけだ（公式資料では五対一五）。

つまり日本は不当に搾取されていたのである。この事実は、実際に貿易に従事している者しかわからない。この第八策は、すでに海援隊で貿易を行い、新政権が成立したあとは官途に就かず、世界を股《また》にかけた商売を夢見ていた龍馬だから掲げ得たのであろう。「船中八策」の発案者が龍馬であるかどうかには異論もあるが、私はこの第八策があるがゆえに、龍馬の作であると確信している。

やや話がそれたが、龍馬が掲げた「船中八策」の内容は見てきたとおりである。

すなわち「**大政奉還**」「**天皇親政**」「**国会創設**」「**不平等条約改正**」「**憲法制定**」「**海軍増強**」という、まさに**国家安全保障政策**だったのである。

■帝国主義の十九世紀、世界が日本を狙った

龍馬の生きた十九世紀は、欧米の列強による帝国主義の時代であった。

列強はアジアを急速に植民地化していく。たとえばイギリスは、一八四〇年からのアヘン戦

争で清を屈服させ、多額の賠償金と香港《ホンコン》の割譲（九九年間租借）、治外法権や関税自主権の放棄などを認めさせた。インドではムガール帝国を滅ぼして、ヴィクトリア女王を戴《いただ》くインド帝国を成立させ、ビルマ（現・ミャンマー）も併合、マレーシア（英領マラヤ）、シンガポールと版図を広げていく。

オランダは十七世紀から、オランダ領東インドとして、現在のインドネシアにあたる東南アジア島嶼《とうしょ》部を宗主国として支配し、フランスは現在のベトナム、ラオス、カンボジアにあたる地域をフランス領インドシナとして植民地化した。私たちが子どものころは、これを「蘭印《らんいん》」「仏印」として覚えたものである。

不凍港を求めて南下政策をとるロシアは、清の弱体化に乗じて満州のアムール川（黒竜江）以北と沿海州を併合、植民地化している。

アメリカは、広大な北米大陸を西へ西へと領土を広げていった。言うまでもなく、インディアンを苛烈《かれつ》に攻め立てて土地を奪ったのである。米墨《べいぼく》戦争によってカリフォルニアを得て太平洋まで到達すると、ヨーロッパの列強に対抗してアジアに植民地を獲得すべく、太平洋に勢力を広げようとした。そしてハワイ王国を併合し、フィリピンをスペインから奪った。そうした動きの中で、ペリーの黒船が来航し、日本は開国することになったのである。

日本では徳川幕府が不平等条約を締結させられた。一八五八（安政五）年、日米修好通商条約に続いてイギリス、フランス、ロシア、オランダとの間にも同様の内容の条約が結ばれている。いわゆる「安政の五カ国条約」だが、よく知られているように、これは日本にひどく不利な条約であった。

とくに大きな問題が、「**治外法権**」と「**関税自主権の欠如**」である。つまり外国人の犯罪は、外国の領事が裁判権を持ち、日本の法律や裁判が適用されない。これは幕府も望んだことだったとされる。また、輸入品にかかる関税を自主的に決める権限がなく、外交交渉によって結ばれた協定税率にしばられていたのである。

さらに欧米のある国が日本との条約で得た権利は、自動的に他の国にも適用されるという、無条件かつ片務的な最恵国待遇を認めるという条項もあった。

こうした条約を次々に結ぶような「幕府あって日本なし」の姿勢に、志士たちは日本亡国の危機を感じ取ったのである。ことに龍馬は、列強の商人を相手に貿易を行っていたこともあって、アジア諸国が次々と植民地化され、中国に租借地が乱立する事態をよく知っていた。

三百諸侯が領民を治める幕藩体制のままでは、とても列強に対抗できない。清のように蚕食《さんしょく》されてしまうことは明らかだ。それを防ぐには、日本を列強に劣らない中央集権国家へと脱皮させなくてはならない。すなわち倒幕しただけではダメなのだ。

どんな国家をつくるのか、将来を見据えて案を温めていたのが、坂本龍馬だったのである。

■国家危機管理能力のない政治家には国を任せられない

ひるがえって現在の日本を取り巻く状況はどうだろうか。

今、世界を見渡せば各地に不穏な空気が漂っている。

何といってもまずは**イラン情勢**である。核開発が疑われるイランは、アメリカやヨーロッパ諸国による経済制裁の強化に反発し、ペルシャ湾への出入り口にあたるホルムズ海峡の封鎖も辞さない構えでいる。

ホルムズ海峡を通過する原油は、一日あたり一七〇〇万バレルにのぼり、世界の供給量の約二割にもなるという。もっとも狭い場所は、幅わずか三十数キロという海峡を、年間数千隻ものタンカーが往き来する、まさに海上原油輸送の要衝である。

イスラエルのネタニヤフ首相は、アメリカに地下貫通型の特殊爆弾と空中給油機を支援するように求めたともいわれ、イスラエルによる対イラン攻撃の可能性は高まっている。もし、ホルムズ海峡で大規模な紛争が発生すれば、世界の原油供給は大混乱に陥る。

日本が輸入する原油は、実に八割がホルムズ海峡を通って運ばれている。海峡封鎖が現実のものとなれば、容易ならざる事態に陥ることは避けられない。低迷を続ける日本経済に、深刻な打撃を及ぼすことは明白である。

北朝鮮情勢も予断を許さない。

二〇一一年三月十一日の東日本大震災直後には、準中距離弾道ミサイル「ノドン」が発射台に載せられ、日本に威嚇射撃を行おうとしたという国である。同年十二月に指導者に就任した金正恩《キムジョンウン》氏は、早くも内部粛清の動きを見せはじめている。これが外部にどう影響するかはわからない。

四月には「人工衛星」と称する長距離弾道ミサイルを発射した。失敗に終わったが、自制を強く求める国際社会を無視しての強行だった。金正恩氏が新指導者となったことに合わせて、飢える国民を尻目に半年分の貿易輸出額を注ぎ込《つ》んで無謀にも国威発揚を図ったのである。

またロシアではプーチンが大統領に返り咲き、「帝国復活」のにおいを漂わせている。中国でも今秋、穏健派の国家主席・胡錦濤《こきんとう》から反日的な江沢民《こうたくみん》の右腕といわれる習近平《しゅうきんぺい》への交代を控え、内外への影響が懸念されている。

しかも重慶市党委員会書記（市長）だった薄熙来《はくきらい》（薄一波《はくいっぱ》の息子）が、妻による殺人事件や大汚職疑惑などののち、党規違反という理由で解任されるという内政の大混乱があり、習近平氏の運命も大きな影響を受けている。

ギリシャの財政破綻はユーロの危機を招いているし、アメリカ大統領選挙では共和党候補がミット・ロムニー氏という親中非日のモルモン教徒になったことも、不安材料のひとつだ。

このような環境において、日本はどのように対応していくのだろうか。

昨年（二〇一一年）、私は『彼らが日本を滅ぼす』『ほんとに彼らが日本を滅ぼす』（ともに幻冬舎刊）を上梓《じょうし》し、民主党政権を厳しく批判したが、その中で「**二〇一二年は世界の政治・外交上、大変動が予測される**」と指摘した。すなわちアメリカ、ロシア、韓国で大統領選挙が行われ、中国では国家主席交代が濃厚、北朝鮮では金正日《キムジョンイル》氏から正恩氏への権力の世襲があるかもしれないと書いたが、すでにロシア、北朝鮮では指導者が交代した。

日本を取り巻く、六カ国協議のメンバーのうち五カ国すべてで政権交代の可能性があり、しかも韓国以外はすべて核保有国である。どんな不測の事態が起こるかはまったく予断を許さない。また、六カ国協議のメンバーではないが、フランスでもサルコジ氏が落選してオランド大統領に交代となった。

ムバラク政権崩壊後のエジプトでも、イスラム主義のムスリム同胞団のムハンマド・モルシ氏が大統領となった。

いまや、世界中がおかしくなっている。

日本国民は、現在のわが国が幕末と同じ亡国の危機に直面していることをよく認識している。ロシア、北朝鮮、中国など核保有国に接し、北方領土や尖閣《せんかく》諸島といった領土も脅かされている現状に、日本の将来に不安を感じている。この危機を打開する救国の志士として、国民は橋下氏に期待しているのだ。

■批判に素直に反応した橋下氏

こうしたことを踏まえ、あらためて「維新八策」を見れば、誰もが違和感を抱くであろう。

二月十三日に出された政策骨子では、八本の柱に九〇以上の項目が並んでいたものの、国家安全保障に関する事項が完全に抜け落ちていた。

具体的にいえば**「国防」「海防」「テロ、大災害、広域犯罪などに対する治安・防衛・外交」**などである。繰り返すが、これでは民主党の空疎なマニフェストと同じで、とても「船中八策」とは呼べない。

「大阪維新の会」が重要視しているのは「**地方分権**」「**地域主権**」という国内問題である。地域政党ゆえの必然だが、本気で国政に出ようというのであれば、まず何よりも安全保障政策を掲げ、平成日本の国家像を示さなくてはならない。

この「維新八策」にがっかりした私は『産経新聞』の「正論」欄に『維新』の『船中八策』に異議あり」という論文を寄せた。国政を担うには外交・安全保障分野への認識が著しく欠けていることを批判し、国家安全保障の諸施策の明確な大方向を、急ぎ再検討して示さないと、たとえ「維新の会」が国政に参加できたとしても、いずれ日本新党や民主党松下政経塾の二の舞、三の舞となってしまい、救国の保守第三極には到底なれないと厳しい論調で指摘した。その上で「**天皇制の護持**」「**憲法九条改正**」など、必須の要件を指摘したのである。

紙面に掲載されたのは二月二十四日であったが、当日、午後一時すぎに橋下氏はツイッターで私の論文に対するコメントを発信した。

「佐々さんの主張はまさに正論。反論はありません」

この素早さと率直さに、私は本当に驚いた。彼は続けざまに次のように発信した。

「日本は国家安全保障が弱い。これはすべてに響いてきています」

「すべては憲法九条が問題だと思っています」

憲法改正の必要性を認識していたのである。

現行の日本国憲法の規定では改正は容易ではない。まず、九十六条で定める憲法改正要件を緩和して、国民投票を行えるようにするとも述べた。

これはこれまで誰も言わなかった**斬新《ざんしん》な視点**だった。憲法九十六条には、「各議院の総議員の三分の二以上の賛成で、国会が、これを発議し、国民に提案してその承認を経なければならない。この承認には、特別の国民投票又は国会の定める選挙の際に行はれる投票において、その過半数の賛成を必要とする」ことが定められている。だが、衆参両議院の三分の二以上の賛成を得ることは限りなく不可能に近い。

橋下氏は九十六条を緩和した上で、二年間で世論を喚起し、国民投票で国民の半数以上の賛成を得て第九条を改正するという。その手法は的確だと思う。そのために安倍晋三元総理は、**「国民投票法（日本国憲法の改正手続に関する法律）」**をつくったのである。

先のツイッターでは最後に「佐々さん、またご意見ください」と書かれていた。そして三月に発表された「維新八策」の中間案には**「憲法第九条についての国民投票」**が盛り込まれていたのである。これには私も驚いた。

柔軟かつ低姿勢な態度は、巷間《こうかん》伝えられる「過激な改革者」のイメージとはまったく異なるものだったからだ。このツイッターを注意して見ていると、建設的でない意見を述べる識者には、きわめて激しい言葉で批判している。また、二〇一二年四月十三日、石原慎太郎東京都知事が、ワシントンのヘリテイジ財団における講演で「東京都が尖閣諸島を買い取る」と爆弾発言をしたとき、橋下大阪市長は「誰かが言わなければならないことだ。石原氏らしい発言で、石原氏にしかできない判断と行動だ」とこれを支持する姿勢をとった。

こうしたことから私は、「この戦闘機（橋下氏）には、敵味方識別装置が有効に機能している」と判断した。これは**国を変えていくリーダーにとって不可欠な資質**である。

中国や北朝鮮への対峙や、アメリカとの同盟強化の姿勢をはっきりと示せば、真に「一〇〇年に一度の政治家」となることができると思っている。

次の国政選挙に、橋下氏自身が立候補するか否かは定かではない。しかしいずれにしても、「維新の会」からは多くのメンバーが出るであろう。きちんとした国家安全保障政策を打ち出した上で、国民に信を問うことを期待したい。

■民主党政権の脆弱《ぜいじゃく》な危機管理能力

先日、私が乗ったタクシーの運転手さんは「このままいくと日本は、中国の属国になるんでしょうか？」と不安そうだった。タクシーの運転手さんというのは、世論の代表たる「走る耳」なのである。後部座席に乗る不特定多数のお客の意見を聞いているからだ。

多くの国民は危機感を抱き、この先日本はどうなっていくのだろうかと不安に感じている。目下の状況は、幕末にも匹敵する外交的危機であることは間違いない。

しかしながら霞が関、永田町には自分の利益、自分の選挙ばかり考える輩《やから》が跳梁《ちょうりょう》している。国民はそれを見抜いているから「こんな時代に自分たちの国の指導者層は大丈夫なのか」と、危ぶんでいるのである。

しかも**危機管理に不向きな内閣のときに限って大事件・大事故が起こる**。自然災害であっても、危機管理の失敗が被害を大きくする。人災の側面をことさらに拡大するのだ。

あらためて述べるまでもないが、二〇一一年三月十一日の東日本大震災によって、わが国のリーダーたちはその無能さをとことん露呈した。原発事故へのぶざまな対応は、明らかに被害を増大させた。避難指示や放射性物質の漏出をめぐる情報発信の拙《つたな》さなどで、国民を無用の危険にさらすことになったのである。

危機管理能力の欠如、誤った陣頭指揮、優先順位をつけられずスピード感を欠いた対応、後手後手の原発事故への対応など、書きはじめると際限がない。その多くは『ほんとに彼らが日本を滅ぼす』で詳しく述べたので、ここでは多くを記すつもりはない。

しかし、東京電力福島第一原発の事故原因について、福島原発事故独立検証委員会（民間事故調）がまとめた報告書が発表され、私が政府関係者に聞いて前著に書いた、あるいは書くのを控えていた内容が、裏づけられた。執筆当時はニュースソースを明かすわけにはいかなかったことも、この報告書によって白日の下にさらけ出されたわけだ。

たとえば、当時の菅直人総理は本来なすべき大局的な指示や判断ができず、怒鳴り散らすばかりで誰も近づけなかったことは私も前著に記したし、さまざまな報道がされてきた。それがこの報告書でも明らかになり、バッテリーの大きさを聞き出すような些末《さまつ》な問題に拘泥していたことなど過剰な関与を批判され、**「官邸による現場介入は無用な混乱を招いた」**とはっきりと断罪されている。五月十八日の各紙は、一斉に国会の東京電力福島原子力発電所事故調査委員会（国会事故調）における海江田万里《かいえだばんり》前経済産業大臣への参考人供述について報道した。当初の東電と官邸、原発の情報連絡体制の不備は、「まるで伝言ゲーム」と痛烈に菅直人氏を批判し、「緊急事態宣言も遅すぎた」と、民間事故調の報告書を裏付ける証言をした。

六月になると「国会事故調査委員会」によって、「責任回避に主眼がおかれ、住民の健康と安全は顧みられなかった」「官邸は介入を繰り返し、指揮命令系統を混乱させた」と、はっきりと認定されている。

菅内閣が、根本的に指揮統率能力を欠いていたことは疑いようがない。指導者、指揮官は、つねに自分を客観視して冷静、客観的であるべきなのだ。怒りや恐怖といった自分の感情に任せて、自分を見失う人間はリーダー失格だ。そうした人物がトップに就く**民主党という組織には、根本的な欠陥がある**。

■未熟な自我の持ち主がトップにいた

どれだけタフでも生身の人間である限り、困難に直面して指揮をとれば、精神的に打撃を受けて疲労困憊《こんぱい》することもある。そうした「**行動する自我**」と、客観的にそれを「**見ている自我**」とに、自我を分裂させなくてはならない。これはリーダーが健康な精神状態を保つ方法なのだ。

私にはこんな体験がある。一九七四年一月三十一日、日本赤軍とパレスチナ解放人民戦線（ＰＦＬＰ）の四人がシンガポールのロイヤル・ダッチ・シェルの石油精製施設を爆破、岸壁に停《と》まっていたフェリーを乗っ取り、五人を人質にして、シンガポール政府に国外脱出用の飛行機を要求した。シンガポール・シージャック事件である。当時、警察庁外事課長だった私は、大高時男警視庁警備第一課長とともにシンガポールに飛んだ。

ところが現地に着いてみると、日本軍の占領中の残虐行為とこのシージャック事件を重ね合わせて、対日感情が非常に悪くなっていたのだ。さらに日本から犯人逮捕のために警察官が派遣されてきたのは、主権侵害であるとしてシンガポールの治安当局（スペシャル・インテリジェンス・サービス＝ＳＩＳ）も態度を硬化させている。

捜査協力に来て主権侵害だと言われる筋合いはないが、きわめて非協力的な当局は、われわれを監視し、尾行もつけた。何かにつけて国外退去をちらつかせる。膠着《こうちゃく》状態に陥って数日が経《た》ったころ、疲れ果て消沈してホテルに帰り、ふと鏡で自分を見たら目には力がなく、なんとも情けない顔をしていた。

そのときに「お前、ざまあないよ。しっかりしろよ」という声が聞こえてきた。つまりその幻聴が「見ている自我」なのである。いわば一種の二重人格のようなものだが、今置かれている自分の姿を客観的に見て笑ったり、叱咤《しった》激励している自我があるのである。

人間は成長の過程で、必ず分裂した自我を持つようになる。幼い子どものころはわがままいっぱいで、自我はひとつだけだ。行動する自我も、見ている自我もない。それがだんだん成長していくにつれて分裂してくるのである。

現実はいつも理想とほど遠いものだから、誰しも思うようにスポーツは上達しないし、学業成績も上がらない。理想をものさしにして「見ている自我」に対して、現実の「行動する自我」は、いつも届かないのである。「見ている自我」が叱咤激励できればいいのだが、批判ばかりしている自我だと自己嫌悪に陥ってノイローゼになったりもする。

だがやがて二つの自我の間で、うまくバランスをとれるようになる。それが人間形成の重要なステップであり、成長したことの証《あか》しなのだ。

ところが未成熟な人間は、ふとしたきっかけで容易にひとつだけの自我、つまり子どもに返ってしまう。そのきっかけとは恐怖、そして怒りである。感情が刺激されると、大人であることを止めてしまう。**菅総理は、その典型**だった。恐怖と怒りで自我が溶けてひとつになってしまい、幼児に戻ってしまったのである。

■ワン・ボイスの大原則違反

「9・11」として語り継がれる米国同時多発テロ事件の際、陣頭指揮にあたったルドルフ・ジュリアーニ・ニューヨーク市長は「**指揮で大事なのはワン・ボイスだ**」と述べている。

大災害、大事件では、きわめて多くの人間が組織として関《かか》わらないと絶対に対応できない。しかし、声の数が複数であればあるほど収拾がつかなくなる。だから、命令を出す人間を一人に絞らなくてはならない、という意味である。

本来であれば、菅総理は伊藤哲朗内閣危機管理監に全権を与えて、その任にあたらせなくてはならなかったのだがそうはならず、「本部」や「会議」などの震災関連組織を雨後の筍《たけのこ》のように乱立させたのである。守秘義務の宣誓をしない民間人の委員などが会議から出てくると、マスコミに囲まれ嬉《うれ》しくなって、言ってはいけない職務上知り得た秘密をしゃべりまくっていた。そのために指揮系統や役割分担が混乱し、対応が遅れたことは、民間事故調の報告書からも明らかだ。

さらに外部から、ブレーンとして内閣官房参与を次々と任命、ピークでは一五名にも達するという、ワン・ボイスとはまったく逆の常軌を逸する行動に出ている。

■真っ先に必要なのはワン・ボイスの「擬律判断」

なぜ、危機管理監からすべての指示が出るワン・ボイスにできなかったか。

実務上の理由は、発生した事態に対して、どの法律を適用して対処するかという「**擬律判断**」を誤ったことである。国家的な大きな危難に際しては一九八六年に中曽根内閣で制定された「**安全保障会議設置法**」がある。これは国防に関する重要事項や重大緊急事態への対処についての重要事項を審議する安全保障会議を設置する法律で、総理の指揮の下、官房長官が統括し、内閣危機管理監がワン・ボイスを発するという明快な指揮命令系統を定めている。

東京でも強い揺れに見舞われ、テレビでも被害状況が刻々と伝えられていたから、私はこの安全保障会議設置法が適用されるに違いないと確信していた。

しかし、現実に適用されたのは「災害対策基本法」であり、原発事故に対しては「原子力災害対策特別措置法」だった。最終的な指揮官は総理であるが、関係するメンバーをワン・ボイスにする権能は安全保障会議設置法以外にはどこにもない。

今の官邸を建築した際、地下にある危機管理センターの設置にあたって、二つの危機的な事態に同時に対応できるような設計を進言したのは私である。後藤田正晴官房長官（当時）の特命により、米英独仏各国の大統領府、首相府を実査して、もっとも実現可能なドイツ方式を建言した。

だからスペースも設備も十分にとってあり、地震・津波と、原発事故にそれぞれ対応することが可能だったのだが、菅総理は五階の総理執務室に陣取っていたために、関係官僚は事案ごとに報告に向かわなくてはならなかったという。

現場では文字通り命がけの復旧、救出作業が続けられているというのに、**なんという非効率。危機感の希薄さ、想像力の乏しさ**に、私は今もって怒りを抑えられない。

救援部隊の投入も当初自衛隊の八〇〇〇人、管区機動隊五五〇〇人から始まって、これではとても足りないと気がついて自衛隊だけで翌日に二万人、五万人と増員され、その日のうちに一〇万人の動員を指示した。誰かの助言があったのだろうか、もっとも避けなくてはならない「**戦力の逐次投入**」をやったのである。そして派遣された自衛隊員は、一日あたり最大で一〇万七〇〇〇人、延べ人数で一〇〇〇万人を超えた。**何が「自衛隊は暴力装置」か**。

仄聞《そくぶん》するに、さまざまな会議の席上、出席者が怒鳴り合っていて議論する声が聞こえなかったという。本来であれば伊藤内閣危機管理監が「黙れ。ここの責任者は私だ」「その根拠は安全保障会議設置法だ」と制すべきところだし、またそうしたかったはずだ。彼の心中は推察するしかないのだが、災害対策基本法や原子力災害対策特別措置法では、危機管理監に口をはさむ権限はないのである。

■「国家の暴力装置」を嫌って、擬律判断を誤った

拙い擬律判断は、このときが初めてではなかった。

前年、二〇一〇年九月に発生した**「尖閣諸島沖中国漁船体当たり事件」（衝突事件とは私は呼ばない）**は、悪質な公務執行妨害、往来危険罪、「海上交通安全法」違反であるにもかかわらず、最終的に「『漁業法』違反」にしている。領海侵犯は国家主権を侵害する重大な不法行為だから、本来は「領海警備法」「領海侵犯罪」を適用すべきところだが、こうした**領海侵犯を取り締まる法律が日本にはない**のである。

当初、海上保安庁は中国人船長を公務執行妨害容疑の現行犯で逮捕し、那覇《なは》地検石垣支部に送検した。これは当然である。

ところが中国政府は猛反発し、なりふりかまわぬ報復措置に出た。閣僚級以上の省庁間交流停止に踏み切り、中国各都市では反日デモが激化、北京などへの修学旅行や上海万博への訪問団が中国側に拒否されたり、上海で予定されていた人気アイドルグループ「ＳＭＡＰ」のコンサートも中止になるなど、民間交流にも影響が及んだ。

建設会社の日本人社員四人が、死刑の可能性もあるスパイ容疑で中国国家安全局に拘束され、レアアースの対日輸出の停止を通告するなどに及んで、那覇地検は日中関係への配慮などを理

由に、中国人船長を処分保留のまま釈放した。

釈放を決めた那覇地検の次席検事は「今後の日中関係を考慮した」としながらも「政治的決断ではなく検察当局として決めたこと」と、記者会見で述べている。しかし、検察当局が外交的配慮を理由に独自に判断するはずはない。**事実上の政治決着**と受け止められた。

政府は那覇地検次席検事の責任にして幕引きを図ったが、中国の強硬姿勢は収まらなかった。那覇地検次席検事の責任にして船長を釈放することで、日中関係は改善に向かうと期待した菅政権のあまりにも甘い判断ミスであった。

体当たりの一部始終を撮影したビデオがあったのだが、民主党政府はこれを公開しようとはせず、ひたすら中国に恭順を示していたのである。後日、義憤に駆られた海上保安官がユーチューブに投稿し、流出騒動となったことは記憶に新しい。

このあと中国漁船団は韓国漁場にも侵入し、同様の事件を引き起こしている。二〇一一年九月には韓国の海上警察官一名が殺害された。李明博《イミョンバク》大統領は中国の猛烈な抗議を跳ね返してこの船長を起訴し、二〇一二年四月十九日、船長に対し懲役三〇年、罰金二〇〇〇万ウォンの判決を下した。なんという違いだろうか。


東日本大震災の発生は、この「体当たり事件」の半年後である。緊急の会議で真っ先に行うべき擬律判断、どの法律を適用するかという大方針の判断で、またも誤ったのだ。

安全保障会議設置法を適用すると、仙谷由人《せんごくよしと》前官房長官言うところの「暴力装置」である自衛隊や警察が会議の中枢に入ってくる。これを嫌がる**民主党政権は、国家危機管理と認めることを頭から排除**してしまったのである。危機管理のプロをトップの会議に入れず、単なる手足として使おうとしたのだった。

それゆえに地震・津波の被害に対しては災害対策基本法、原発事故に対しては原子力災害対策特別措置法と恣《し》意的に適用したのだ。

その結果、原発事故という国家的な危機であるにもかかわらず、あろうことか危機管理に無縁の経済産業省がこれを担当することになったのである。そのトップは海江田万里経産大臣。もちろん危機管理の経験など皆無だった。

■治安機関を嫌った「左翼内閣」の愚

「**国民保護法**（武力攻撃事態等における国民の保護のための措置に関する法律）」成立後、国家危機、とくにノドンの空襲と津波警報などの伝達についても、総務省で決めることとなって、各種のサイレンが制定された。だが日本国の不思議さで「公表すると国民に無用の不安を与えるから」と、これを非公表にした。

私たち立法に携わった者にもマル秘だったのだ。

それは今「Ｊアラート」という耳触りのよい言葉で語られているが、本質は「**ノドンの空襲警報**」なのである。国民に事前にサイレン音を教えておかず本番でその音を聞くということでいいのだろうか。内閣官房や一部自治体のホームページなど、インターネット上ではサイレン音を視聴できるようだが、この程度では全国民への周知はほど遠い。今からでも遅くない。**NHKの協力を得て公表すべきだ。**

スイス大使を務めた元警察庁長官・国松孝次氏によると、スイスではサイレン音の音感教育を「これが雪崩《なだれ》、これが空襲」という具合に、小学校教育で子どものころから行っているという。日本もスイスに見習うべきだ。

原発事故の危機管理に話を戻すと、なぜ国家的な危機なのに経済産業省が前面に出てくるのか。これは橋本龍太郎内閣のとき、中央省庁をそれまでの一府二二省庁から、一府一二省庁に統合する再編が決定したことに端を発している。

そもそも日本の原子力行政の黎明《れいめい》期、担当していたのは総理府原子力局だった。これが、一九五六（昭和三十一）年に総理府の外局である科学技術庁が設置され、原子力と宇宙関係行政を所掌してきたのだが、省庁再編で文部省と統合して文部科学省となった。研究のような学問としての原子力の管轄はたしかに文科省だが、原子力発電所は電力を販売するエネルギー産業であり文科省にはなじまない。経済活動だからということで、原発の安全確保を図る**原子力安全・保安院は経済産業省の特別機関**となったのだ。

海外では原子力には、陸海空の警備力を持つ軍隊も一枚加わるところだが、日本の場合、核武装につながることが懸念されたため、経産省と文科省という「平時の省庁」のみが所掌しているのである。かくして原発事故の危機管理は、海江田経産大臣にお鉢が回ることになったわけだが、本当なら安全保障会議設置法に基づいて、枝野官房長官があたってしかるべきところである。

もちろん災害対策基本法も原子力災害対策特別措置法も、使えるものはすべて発動してかまわない。だがそれを総括するのは、**内閣危機管理監によるワン・ボイスの指揮命令**でなくてはならない。それには本件を「国家危機管理」とみなし、安全保障会議設置法に基づき、ただちに安全保障会議を招集しなくてはならなかったのだ。

ところが、最初から元警視総監の伊藤内閣危機管理監を嫌って排除した。**国民の安全よりイデオロギーを重視**した結果だった。

擬律判断に際して、「こんな法律があるから、こう適用しましょう」と進言するのは、基本的には官房長官の仕事である。もちろん政治家はすべての分野に詳しいわけではないから、実務に精通した事務担当の官房副長官が、官房長官、総理に助言するのである。枝野幸男前官房長官は、少なくとも「内閣法」、とくに第四条、第六条、第七条（総理の権限）、そして第十二条、第十三条（官房長官の職責と権限）、さらに一九八六年の安全保障会議設置法もきちんと読んだことがなかったのだろう。

さらに今回のような、国家的な危機に際しては内閣危機管理監が強く進言しなくてはならないのだが、伊藤内閣危機管理監は最初からまったく呼ばれず、物品調達係としてしか扱われなかったと聞いている。

■補償なき強制退去（移住）は憲法違反

東日本大震災の発生から三日目の夜、菅首相の記者会見が行われた。危機管理行政の仕組みをよく知っている私は、総理が直接、国民に呼びかけるのだから「これは**憲法第二十九条の一時停止を国民に訴える**のだな」と思った。

第二十九条には「財産権は、これを侵してはならない」「2　財産権の内容は、公共の福祉に適合するやうに、法律でこれを定める」「3　私有財産は、正当な補償の下に、これを公共のために用ひることができる」と記されている。

福島第一原発では水素爆発が起き、収拾に向けての予測がまったくつかなくなって、避難区域も三キロから一〇キロへ、そして二〇キロへと逐次拡大している折だった。救援部隊で戦力の逐次投入をしたのと同じように、避難区域を泥縄的に広げておいて「念のため、さらに万全を期す観点から」としか説明せず、住民に避難を求めたのだ。

ほとんどの住民はいつまで続くのかわからないまま、着のみ着のままでわずかな身の回りの品だけ持って、何の補償もなく避難させられていたのである。だからここにきて総理がきちんと「自分がすべての責任を負って立ち退《の》いてもらう。もちろん補償もする。だから指示に従ってくれ」と述べるのだろうと思っていた。

「これから強制退去（移住）させます」「憲法第二十九条によるものです」「個人の通行権、居住権、これは制限いたします」と国民に嫌なことを強いるけれども「その代わり補償をいたします」という宣言を総理大臣はできる。いやしくも「憲法の一時停止」を宣言するなら、それは総理発言事項である。

ところが菅総理は「昨日に続いて今日一日、人命の救出に全力を挙げてまいりました」で始まる救助の進捗《しんちょく》状況のほかは、「明日から東京電力管内で計画停電を実施することを了承いたしました。詳細は、この後、官房長官から説明させます」と言って降壇してしまい、続いて登壇した枝野官房長官は、計画停電のことを「調整に入っているところでございます」と簡単に説明し、その他食糧搬送状況と福島第一原発三号炉の現状を短く述べただけだった。

菅総理には何も期待していないものの、政権として最低限、国家行政を行使する知恵や責任を持ち合わせていると思っていたのだが、やはりダメだった。

■役人に責任を負わせて何が政治主導か

擬律判断の誤りを含めて危機管理の脆弱性は、単に菅総理や枝野官房長官らの個人的な資質にのみ起因しているのではない。こんな人物を要職に就けてしまう民主党という政党の体質の問題であることはいうまでもないが、**「政治主導」の意味をまったく誤っている**。そもそも能力のない人間が「主導」することなどできるはずがない。

また役人をうまく使うことが政治主導であって、役人と敵対することではない。社長や重役が、社員と敵対、排除してこと細かにものごとを決めている会社など、たちまち潰《つぶ》れるだろう。国家は倒産しないのをいいことに、細かく口を出してはよくわからなくなって結局は丸投げにしているのである。

政治主導については後の「救国の八策」の第二策・外交論で詳しく述べることにするが、ひとつだけ、ここで指摘しておきたいのは、**「政治主導と言うなら役人に責任を負わせてはいけない」**という点だ。

国家危機管理のキーマン、伊藤哲朗内閣危機管理監と、内閣情報調査室のトップとして総理を情報面で支え、公安部門との連携の要《かなめ》であった植松信一内閣情報官を、野田佳彦内閣は昨年末の十二月二十七日に突然退任させた。北朝鮮の金正日総書記死去に伴う情報収集や伝達などに不手際があったためとされるが、事実上の更迭である。この二人を含め、官邸の危機管理ポストの人員が一〇名、更迭されたという。

金正日総書記死去の発表直前、街頭演説のために出かけてしまい、恥をかいた野田総理が、「重大発表の予告」の段階で緊急連絡しなかったことに難癖をつけたとも見られていた。政治主導と言いながら、責任はすべて官に負わせる姿勢を象徴する人事だった。

流動的な北朝鮮情勢や、中国で権力構造が変化しそうなこの時期に、なぜ危機管理と情報部門のトップを交代させることができるのだろうか。菅内閣から野田内閣になっても民主党は、「治安・防衛・外交」という国政の基本任務をまったく理解していない。国民の生命・身体・財産を守ろうとする精神、すなわちドイツの政治学者、フェルディナント・ラッサールが「夜警国家論」で批判的ながらも述べた**治安・防衛・外交の護民官精神**をまったく欠いているのである。

■議事録が残っていない!?

3・11及び福島第一原発事故のあと、菅直人前首相は思いつきで次から次へと対策本部や検討会議・部会などの委員会組織を設置し、その数は二〇以上に及んだ。さらに原子力関係の学者などを内閣参与に任命し、その数は一五人に達した。

この「船頭多くして船山に登る」の大混乱は、すでにマスコミが報じたとおりだが、ある日これら何百、何千と行われた委員会の議事録がとられていなかったという報道に、国民は驚き、呆《あき》れた。

それはもう、「**政府**」**ではない**。

企業においても団体においても、「会議」は組織の運用上の潤滑油であり、定款で定められた記録を残すことは義務である。まして、千年に一度といわれる大津波、スリーマイル島、チェルノブイリに続く世界三番目の原発メルトダウンに伴う危機管理会議の議事録を残していないなど、考えられない。

これは、「政治主導」に反発した役人たちのサボタージュなのか？　それとも、あまりに未熟な大臣や政務官たちの愚論など、記録にとどめる価値がなかったのだろうか。あるいは、卑《ひ》怯《きょう》な政治家たちが、記録にとられてあとから責任問題になるのを恐れて、発言者として名前を匿《かく》すことを指示したのか？

再発に備え、被害局限のためにも記録に残し、分析評価して、二度と再び同じ過ちを犯さないようにするための、誠に得がたい記録ではないのか。

とくに、危機管理に関わる委員会で、記録が残されていないとは、いったいどういうことなのか。

役人たちは、多分議事録をとっていたに違いない。役人というものは、メモをとるものである。公式議事録がないということは、常識的には考えられない。個人のメモは残っているだろう。だが、繰り返して言うが、**議事録が残されていないとすれば、それは歴史への反逆**であり、菅内閣は政府ではなかったのだ。いや、「政府」でなかっただけでなく「組織」でさえなかったのだ。

しかも、その3・11、福島第一原発事故を経験した危機管理官僚たちを昨年末に辞めさせた。民主党は、次にまた起こるかもしれない大事件・事故を、またまた生まれて初めてという素人にやらせる気なのだろうか。

■言葉だけ「命がけ」と言うな

「言葉だけ」の政治家を国民は見抜いている。

政治家が安易に「命がけ」と口にする風潮を、私は苦々しく思っている。拙著『彼らが日本を滅ぼす』にも書いたように記憶しているし、何度か発言したこともある。先日、作家の曽野《その》綾子《あやこ》さんも「命がけと言うな」とコラムに書かれていた。

本当に命がけであれば軽々しく口にできる言葉ではない。「あさま山荘」に突入した機動隊員が「私、命がけです」などとは決して言わない。真っ暗闇の中、どこからか撃ってくる犯人に対峙して行動で示しているのである。男の美学でもあり、口にのぼせるようなことではないのだ。

「おれは命がけだよ」などと言う人間は偽物に決まっている。

鳩山由紀夫総理が、普天間《ふてんま》飛行場移設問題で大言壮語して「命がけで、体当たりで」と言っているのを聞いて、私は言いようのない不快感を覚えた。菅氏は国会答弁でも、記者会見でも空々しく聞こえる「命がけ」を連発した。こうした言動は論評に値しない。

いったいいつから政治家は「**命がけ**」**の大安売り**をするようになったのか。このブームはいつまで続くのかと腹立たしく思っていたら、野田氏も国会で「消費増税を命がけで実現する」と言っていた。

野田総理の「命がけ」もいい加減だ。テレビではその部分が何回も繰り返し放送されていたが、いったいどこが「命がけ」なのか。中身の空虚さを大袈裟《おおげさ》な言葉で誤魔化しているだけだと、国民はやすやすと見抜いている。

しかも六月二十一日までに「命がけで通す」と言っていた消費税増税法案も、うやむやのうちに七九日もの会期延長で日延べとなった。野田総理が自決する気配もない。民主党の流行《はや》り言葉は、やりもしない、できもしない「命がけ」なのだろうか。

政治家にとって言葉は最大の武器である。事が重大であればあるほど、最大級の表現は慎まなくてはならない。ごく常識的に考えても、言葉を扱う能力を磨き上げなくてはならないと理解できるはずだが、その知性すら欠いていると言わざるを得ない。

「全力を挙げて」「全身全霊」などオーバーな言葉が、まったく不必要に使われている。これは民主党議員の大半が、口先だけで選挙に当選することに力を注いできたことと表裏一体だと私はにらんでいる。

意味のない誇大な表現が当たり前になっているからだろう、野田総理は今年一月十三日に発足した改造内閣を「最善かつ最強の布陣」と言い切った。

六カ国協議構成国の首脳交代、普天間問題以来冷え切った日米関係、北朝鮮での金正恩氏の世襲と核武装、長距離弾道ミサイルの発射、中国の尖閣諸島への領土的野心など、軍事的危機、外交的危機の高まる折も折、誰がどう見ても能力不足の田中直紀防衛大臣（当時）をも含めて「最善かつ最強の布陣」と強弁しているのである。

あの防衛大臣がなぜ「最善」で「最強」なのか。野田総理の任命責任の問題である。

任命責任を追及されるのを避けるにしても、およそ意味のない誇張である。失態や失言続きで、役人がつきっきりでも答弁も満足にできない田中防衛相をかばっている。しかし、どれだけ言葉で繕おうとも、彼はその任に堪えなかったのだ。

■中国一等書記官スパイ事件と内閣改造

五月中旬、警視庁は、中国大使館一等書記官の李春光《りしゅんこう》が外交官の身分を偽って外国人登録証を取得し、銀行口座を開設したとして、出頭要請し、李氏がこれを振り切って帰国した後の同三十一日、書類送検した。

だが、ことは外国人登録法違反や公正証書原本不実記載といったことだけではすまなかった。農水省から、農産物の対中輸出促進事業に関する機密文書が漏れたことが発覚し、この書記官が民主党の農水族をターゲットとしてスパイ活動をしていたのではという疑惑が浮かんできたのだ。

メディアでは、その後あまり大きく取り上げられていないが、私はこれは、事によっては**民主党政権の屋台骨をも揺るがす大きな事件**であると考えている。

スパイといえば、諜報活動を行うアメリカのCIAや旧ソ連のKGBなどが思い浮かぶが、中国のそれは、人脈を広げ、自国の利益となるよう宣伝したり相手を誘導したりする、一見ソフトで**時間と手間をかけた対日工作**なのである。

李春光は一九九三（平成五）年に来日後、国際交流員などを経て松下政経塾に特別塾生として半年間在籍し、二〇〇七年に中国大使館の経済部に所属する農業問題担当の一等書記官となった。

わが国のTPP（環太平洋戦略的経済連携協定）への参加をめぐって、国内議論が高まったことは記憶に新しいが、李一等書記官は、日本の農産物の輸出促進策について話し合う「農林水産輸出産業化研究会」という勉強会のメンバーだったという。

つまり、彼は日本のTPP参加に反対し、不参加の方向に持って行こうとする**中国側の工作員**として、動いていた可能性が高い。そして松下政経塾の人脈なども大いに利用し、農水族の民主党議員に近づき、親中派を増やしていったと思われる。

そして、六月十二日の衆議院予算委員会では、自民党の平沢勝栄副幹事長により、日本の農産物を中国に輸出することを促進する事業について、「可能な予算の範囲内で支援する」という鹿野道彦前農水大臣の署名入り声明文書と、筒井信隆同前副大臣が中国側の一企業と交わした覚え書きの存在が指摘され、明らかになった。この事業は、北京にある中国政府の施設で日本の農業団体や食品会社が農産物やサプリメントを展示・販売しようというもので、運営主体は一般社団法人であることから、大臣や副大臣が「**一企業と自国の予算に言及している**」と平沢氏は問題視したのだ。

また、原発事故を受けて福島産のコメの価格や需給の見通しについての農水省の機密文書が、この団体に流れていることがわかった。

さらに報道によると、農水省内では、まだコメの対中輸出について慎重な意見が強いにもかかわらず、筒井副大臣自らが業者からの対中輸出届出書を受理していたという。

このような経緯から、六月四日の野田内閣の改造は、一見問責決議を受けた田中直紀防衛大臣と前田武志国土交通大臣の交代のためと見せかけ、実は中国スパイのターゲットとなった**鹿野農水大臣、筒井同副大臣の交代が主目的**では、と思われる。

もっと言えば、この問題が深刻化することで、李書記官の人脈上にのり、中国に便宜を図った民主党議員が続々と発覚することとなり、それが民主党にとって致命的な打撃となることを恐れて、田中・前田両氏の交代で世間やメディアの視線をそらせつつ問題の幕引きを図ったのが今回の内閣改造なのでは……と想像するのである。

■孫の代に他国の属国にならないための大方針

賢明な日本国民は、第二次世界大戦以降、**今ほど軍事的・外交的危機の高まった時期はない**ことを知っている。一昨年来の龍馬ブームは、幕末によく似た日本国家存亡の危機であることを理解しているがゆえなのだ。今、国民が政治に求めていることは、国家の安全と国民の安心、孫の代に他国の属国にならないことである。

期待を大きく裏切った民主党には、もはや誰も期待していない。しかし自民党も、五五年体制の長期単独政権による「ばらまき」や既得権益とのしがらみから脱却できたわけではない。国家としての日本が、二十一世紀にいかにあるべきかを提示し、改革していく「第三極」が求められている。**「船中八策」はそのための大方針**でなくてはならない。

二月に「維新八策」の骨子が公表された直後、私も批判したし、各党からは「論評に値しない」「民主党のマニフェストよりひどい」「性急すぎる」「国家観がない」などとこき下ろされたが、こうした酷評も糧にしたのだろう。三月になって発表された原案では、先述したように憲法第九十六条から手をつけ第九条改正へと進めていくことが盛り込まれるなど、着実にブラッシュアップされてきた。

当初から「著作権料をもらいたいくらい、われわれと細かいところまで一緒」とコメントしていたのが「みんなの党」である。「みんなの党」は、国会の一院制や首相公選制、道州制の導入を政策の要としており、次の衆議院選挙で「大阪維新の会」との連携を目指している。四月二十七日、自民党は憲法改正草案を公表した。「みんなの党」は「憲法改正の基本的な考え方」、「たちあがれ日本」も自主憲法大綱案を発表している。

いずれの党も**天皇を「元首であり象徴」**と位置づけたほか、**国旗は日章旗、国歌は「君が代」**と明示している。「たちあがれ日本」は皇位継承についても「男系男子」と明記している。緊急事態に対しては、武力攻撃や災害時の総理の権限を強化していることも三党に共通する。

自衛隊に関しては自民党が「国防軍」の名称で「自衛権保持」としたのに対し、「たちあがれ日本」は「自衛軍」で「集団的自衛権保持」と一歩踏み込んでいる。「みんなの党」は名称、自衛権とも「国民投票で決定する」としている。

保守系の三党が憲法改正を真っ正面から問い、選挙では大きな争点になる可能性は高い。ここで「台風の目」になりそうなのが「大阪維新の会」だ。産経新聞社とFNN（フジニュースネットワーク）による四月末の世論調査では、「支持政党なし」との回答が半数に達し、有権者の既成政党離れが浮き彫りになった。

「大阪維新の会」がその受け皿になるのか、どこかと連携するのか現時点ではわからない。自民党にも連携を狙《ねら》う動きがある。しかし「第三極」として、国政に大きく関与してくるのは間違いない。

いずれにせよ次期衆議院議員選挙では、各党から「船中八策」や「大方針」が提示されることになる。国難を乗り切り、新しい日本の目指すべき方策を吟味、策定しようではないか。それは、**「国家危機管理」のできる政党党首**の下で行わなければならない。第2部から私の考える「救国の八策」を示していくこととする。

日本の将来を真摯《しんし》に考える心ある政策担当者、国政に携わる人、携わろうとする人、政治に関心を持った人ほか多くの方々に、**論点とすべき項目八策**を掲げた。国民の中に、真剣な議論が沸き上がることを期待している。

■「国家危機管理」とは何か

それは一九八六（昭和六十一）年七月一日、形骸化していた「国防会議の構成等に関する法律」を廃し、新たに**「安全保障会議設置法」**を導入した、新しい国家安全保障の概念である。

まさに坂本龍馬の「船中八策」の第五策「古来ノ律令ヲ折衷シ、新ニ無窮ノ大典ヲ撰定スベキ事」を、幾多の大事件を苦悩しながら解決した後藤田正晴官房長官が中曽根康弘総理（ともに当時）の統率の下、野党や全官僚の猛反対を押し切って導入した国家危機管理システムの対象事項である。

戦後、この「国家危機管理」を真正面からとりあげた政治家に、**中曽根康弘氏**、**後藤田正晴氏**、**安倍晋三氏**の三人がいる。

とくに五年間中曽根総理を補佐した後藤田氏は、いかなる運命なのか次々と起こる国家的大事件・事故に対処することになって悪戦苦闘した政治家であった。東大安田講堂事件＝警察庁次長、あさま山荘事件＝警察庁長官、金大中事件＝官房副長官、ミグ25亡命事件・大韓航空機撃墜事件＝官房長官などなど、私がこれらの事件を担当したときの、常に上司であったのが後藤田氏である。

戦後、内閣法や縦割りの国家行政組織法によりこれらの国家犯罪や事件がバラバラに指揮命令、情報連絡されていた中で、毎日苦汁を飲まされていた官房長官でもあった。

そこで一九八六（昭和六十一）年、中曽根総理の下でこれらの事件事故を従来の国防会議ではなく、アメリカ方式の「安全保障会議」を設置して内閣総理大臣に指揮権を集中し、内閣官房長官、すなわち後藤田正晴氏が指揮することにしたのだ。

その際、「**国家的危機**」として例示されたのが、**①ダッカ事件のごときハイジャック　②ミグ25亡命事件のごとき特殊な亡命事件　③大韓航空機撃墜事件のごとき特殊な重大国際事件　④人命の危機、治安の問題を伴う関東大震災規模の大災害**、であった。当時、衆参両院の予算委員会や内閣委員会で繰り返し繰り返し答弁して、遂にこの法案を実現させたのだった。

そしてアメリカ・ホワイトハウスの特別補佐官制を参考に**内閣五室制**を導入し、**①内政審議室　②外政審議室　③安全保障室　④情報調査室　⑤広報室**、を設置し、「垂直思考」の日本の行政機構にアメリカ式の「水平思考」の補佐官制を導入したのである。

この体制での国家危機管理対処の第一号が、同年九月の大島三原山噴火による全島避難だった。

ひるがえって、民主党の菅直人前総理は、安全保障会議を軸とした危機管理体制を全面的に否定し、国家なき市民社会の危機管理で東日本大震災における大失敗となったのである。

今、日本の「国家危機」とは何か？　それは、「**政治の危機**」である。

今や、民主党が政権を担当していることそれ自体が最大の「国家危機」となっているのだ。さりとて自民党も立ち直っていない。

世界中が指導者交代と財政崩壊で動揺しているうちに、早く**解散・総選挙を断行し、主権者たる国民に「大政奉還」すべき**であろう。

第2部　「救国の八策」私の提案

■私の考える「救国の八策」とは

第一策　海防論——日本は四方を海に囲まれた海洋国家であることを忘れるべからず。固有の領土を将来にわたって守るため、海防を強化すべし

第二策　外交論——集団的自衛権の行使を認め、日米安全保障条約を「一〇〇年条約」にすべし。中国に対しては尖閣問題は周恩来・鄧小平《とうしょうへい》の合意の線に立ち戻って、より賢い孫たちに解決させることとし、「凍結」する。「防衛費一％枠」は撤廃、防衛問題を財政問題にしてきた愚をあらためよ

第三策　皇室論——まず天皇制護持を宣言せよ。「皇室典範」の改正により、旧宮家男系相続人の養子縁組を認め、皇統断絶の危機を回避すべし

第四策　憲法論——第九条のくびきを打ち破り、自衛隊を国軍にすべし。国民の命運に関わる重要案件について、国民投票を可能にせよ

第五策　国防論――敵地攻撃能力なくして国民を守ることは不可能と認識せよ。一朝ことあらば「躊躇《ちゅうちょ》なく、敢然と立ち上がる」意志を示すべし

第六策　治安・危機管理論――社会とともに変化する犯罪、さらに自然災害に備え、国民の安全、治安に携わる公務員を増員すべし

第七策　エネルギー論・食糧論――安全性確保の方法を明示し、原発を再稼働した上で、新エネルギーを増加させる道筋を示すべし

第八策　経済論――専門家の英知を実現するにも、国の信用が不可欠。政府は自らの身を切って覚悟を伝え、国民の信頼を取り戻すべし

坂本龍馬の「船中八策」に必ずしも対応しているわけではないが、徳川幕府の行き詰まりを乗り越え、維新後の日本を構想した龍馬のように、大きな歴史観・国家観によって献言する**平成の「救国の八策」**である。戦後、ずっと引きずってきたさまざまな問題点に対し、今こそ日本の将来を見据えて変革すべしと、目指す方向を明示したものと自負している。以下、それぞれの策について、詳述していこう。

第一策――海防論

日本は四方を海に囲まれた海洋国家であることを忘れるべからず。固有の領土を将来にわたって守るため、海防を強化すべし

「海軍宜シク拡張スベキ事」（坂本龍馬の「船中八策」の六）

海防の強化は、坂本龍馬も力説している。爾来《じらい》、百五十余年を経過しても、その重要性はいささかも衰えていない。「尖閣諸島沖中国漁船体当たり事件」に端的に現れたように、近年、主に島嶼部において、日本の主権が侵害されようとしている。「海防」思想を忘れ、領土・領海が奪われていく可能性に備えることもせず、他国の実効支配を座して見ているような政治家など不要である。

■海の警察・海上保安庁を強化せよ

第1部の最後に述べたように、今、国民が政治に求めているのは、**国家の安全と国民の安心、孫の代に他国の属国にならない**ことである。もちろん年金問題も景気対策も大きな関心事だし喫緊の課題だが、国民の生命財産、領土・領海を他国の干渉を排除して守る安全保障には主権国家としての存亡がかかっている。

帝国主義の十九世紀で領土をめぐる争いは終わったわけではない。二〇一〇（平成二十二）年九月七日に発生した「尖閣諸島沖中国漁船体当たり事件」では、野心を持って日本固有の領土を狙うものがあることを広く国民が知ることになった。

中国は尖閣諸島を「**核心的利益**」と広言しはじめている。その意味は「安全保障上、譲れない国家利益」とされ、台湾、チベット自治区、新疆《しんきょう》ウイグル自治区を指してきたが、近年は東南アジア諸国と領有権を争う南シナ海も加えている。

いずれも「中国の領土領海であり、分離独立は許さない」「分離独立の動きには武力を行使してでも阻止する」「他国の介入は許さない」というドグマがあるから、それぞれの地域で弾圧や抵抗運動などが起きているのである。

かつて「領海」は三海里（約五・五キロメートル）だった。これは艦砲の射程から決まったもので、ミサイルなどハイテク兵器の登場で軍事的意味を失い、今は一二海里（約二二・二キロメートル）だ。また、沿岸から二〇〇海里（約三七〇キロメートル）は排他的経済水域（EEZ）として、水産資源や海底資源など経済的な権益が認められている。

領海約四三万平方キロメートル、領土約三八万平方キロメートル、排他的経済水域約四〇五万平方キロメートル。それを守る海上保安官約一万二〇〇〇名、おおざっぱに一人三六万平方キロの領海を受け持つ計算で、海上保安庁の装備は飛行機二七機、ヘリ四六機、巡視船・艇四二〇隻（一隻平均領海一〇〇〇平方キロ、海岸線平均八三キロ）という陣容である。

船艇のうちヘリ搭載巡視船（PLH、五〇〇〇〜七〇〇〇トン）は一三隻、巡視船（PL、

一〇〇〇～二〇〇〇トン）三八隻、計五一隻。ＰＭ型高速特殊巡視船三八隻。

これでは海洋国家として「海防」が少なすぎ、弱すぎる。少なくとも**一〇〇〇トン以上の巡洋巡視船を一〇〇隻へと倍増**すべきである。

わが国土を小さな島国だと思っている者は、当の日本人にも少なくないが、領海と排他的経済水域を合わせた管轄海域、すなわち「日本の海」は約四四七万平方キロで、実は世界で六番目の広さであり、一国で世界の海上輸送量のおよそ一二％を占める、世界有数の海洋大国なのだ。

一方、大陸に広い国土を持ち、一三億人もの人口を抱える中国だが、海岸線は東南にあるだけで、「中国の海」は日本の五分の一しかない。だから資源獲得のために野心も露《あら》わに尖閣諸島や南シナ海を狙っているのである。

領海侵犯し、巡視船に衝突してきた漁船の船長を、日本の海上保安庁が逮捕した「中国漁船体当たり事件」では、先述のごとく中国は卑劣にも国を挙げて報復に出た。

南シナ海の南沙《なんさ》諸島、西沙《せいさ》諸島では、漁船員を装った中国軍人が多数の漁船で押し寄せ、上陸して次第に実効支配していく。それが領有を目論む中国のやり口だ。領有権を争うマレーシア、フィリピン、インドネシア、ベトナムの各国沿岸警備隊と銃撃戦を演じ、威嚇恫喝により島々を占領していくのである。

日本は、これを食い止める意志を示さなくてはならない。

それにはまず**海の警察である海上保安庁の強化**が重要である。万一、不幸にして尖閣諸島沖で日中の衝突が起きたとしても、海上保安庁の「警察活動」であるならば戦争ではない。「警察マター」として処理できる。

ここでひとつ、ハッキリと概念を整理しておく必要がある。銃撃戦、砲撃戦が始まるとすぐに人は「戦争だ」「憲法違反だ」と騒ぐが、**国際法上「武力の行使」と「武器の使用」は別の概念**として規定されている。

「国権の行使」としての武力の行使については、国連憲章には自衛権の行使としての第五十一条と、警察活動としての第四十一条の二カ所しかない。

日本国憲法は国連憲章第五十一条を受けて第九条のみ。しかも個別的自衛権のみで、集団的自衛権はあるけれども、不行使の姿勢をとっている。それに比べて「武器の使用」は警察行動として、「警察官職務執行法」第七条を基本として、治安関係法規に、そして「自衛隊法」にも何カ所か規定されている。ここでいう尖閣諸島での**万が一の「武器使用」は、「戦争」ではなく「警察行動」**なのだ。

領海侵犯という犯罪を予防し法の秩序を保つこと、さらに領海侵犯があった場合は犯人を逮捕する、警察としての役割を海上保安庁が果たすこと。その仕事がやりやすいように、**法律や**

装備を整えることが喫緊の課題なのだ。

■巡視船の兵装強化は進んでいる

「中国漁船体当たり事件」のあと、私は『彼らが日本を滅ぼす』を上梓して、民主党政権の思想的な問題点をえぐり出すとともに、日本の国防と外交について緊急提言をした。

海防力の強化を訴え、具体的に日本の海上保安庁の巡視船・艇の兵装の強化、高速化による性能を向上させることと、**「領域警備法」を制定**し、**海上保安庁の「武器使用法（ROE）」を制定**しなくてはいけないと説いたのだ。

いくら事前に警鐘を鳴らしても、問題に直面しないと動かないのは日本政府の難点だ。二〇〇一（平成十三）年十二月の奄美沖北朝鮮武装工作船自爆自沈事件以後、海上保安庁の強化、近代化が急ピッチで進められてきたが、尖閣紛争が発生して以降、国民の関心の高まりもあり、海上保安庁の装備はこの一年で着実に強化されてきた。これには私の著書もいささかの寄与をしたと自負している。

プルトニウム運搬船の無寄港護衛用に建造され、艦載ヘリコプター二機、連装三五ミリ機関砲、二〇ミリ機関砲各二門という強力な兵装を持つ巡視船「しきしま」（六五〇〇トン）の二番艦が来年度に就役する。

艦載ヘリ二機で、三五ミリ機関砲と二〇ミリ機関砲が各一門の「みずほ」型（五三〇〇トン）は二隻が就役中、艦載ヘリ一機、四〇ミリ機関砲または三五ミリ機関砲と二〇ミリ機関砲が各一門の「つがる」型（三二〇〇トン）は九隻が就役中だ。

不審船対応を主目的とする高速高機能の巡視船として、二〇〇〇トン級でヘリコプター甲板付きの「ひだ」型、一〇〇〇トン級の「あそ」型も建造が進んでいる。現在は「ひだ」型が三隻、「あそ」型が三隻だけなので、一日も早い就役が待たれる。

どちらも三〇ノット（時速五六キロメートル）以上の速力を出せ、四〇ミリ機関砲、二〇ミリ機関砲、赤外線捜索監視装置を装備している。四〇ミリ機関砲には気温・気圧・湿度による弾道の変化などを精密に計算し、遠距離の精密射撃を可能にするＦＣＳ（射撃管制機能）が、二〇ミリ機関砲にはＦＣＳよりも最大対処距離は短いＲＦＳ（目標追尾型遠隔操縦機能）が備わっている。

また、二二〇トンと小型だが、速力は四〇ノット（時速七四キロメートル）以上、ＲＦＳ付きの二〇ミリ機関砲と赤外線捜索監視装置を備える「つるぎ」型高速特殊警備船が六隻就役している。目下二四隻が新造中と伝えられる。これで初めて中国の「海監50号」「海監66号」など新鋭の海洋監視船に対抗できる。

こうした不審船対応巡視船一二隻が、日本海と東シナ海に接する秋田から鹿児島に配備されているが、まだまだ数量として十分というわけではない。高速で強力な兵装によって、なんとか不審船に対応しようとしているのだ。

海上保安庁の資料を読んでいると、主要な巡視船はすべて二〇ミリヴァルカン機関砲（ガトリング砲）になるなど、この一年で兵装がかなり強化されているのがわかる。それまでの一二・七ミリ機関銃では射程も二〇〇〇メートルと短く、二〇〇一年十二月に九州南西沖の東シナ海で発生した北朝鮮武装工作船自爆自沈事件では、工作船の銃撃で海上保安官三名が負傷している。

暗躍する偽装船、工作船、さらには今後ますます重要となる**海賊船にも対応できる長射程の機関砲**や、**船体の防弾化**、**高速化**などは、この事件が教訓となっている。

海上保安庁の年間予算は約一八〇〇億円（自衛隊のイージス艦の建造費一隻分）、要員一万二〇〇〇人は増やせない。となると兵装、性能をよくするほかない。搭載武器を強化し、スピードを上げる方向で努力しているのである。

もしわが国への武力攻撃が起き、自衛隊法第七十六条で「防衛出動」が発令されると、海上保安庁は自動的に海上自衛隊に編入される。その場合に備えて、奄美沖、尖閣沖事件を教訓として、全海保船艇の兵装を一二・七ミリ機関銃から二〇ミリ機関砲に転換したのは正解であった。

だができれば「しきしま」二番船と、五三〇〇トンの「みずほ」「そうや」級には海上自衛隊の護衛艦と同じオットー・メララ七六ミリ速射砲、「いず」「きそ」級の新造船にも三〇〇〇トン以上ならプラットフォーム（発射台）として搭載可能といわれるので、同じくオットー・メララ七六ミリ速射砲装備を考慮してほしい。なぜなら、自衛隊法第七十六条で防衛出動が下令されると、海上保安庁は海上自衛隊に編入される。そのときのコンパティビリティ（互換性）を考慮するためにも、七六ミリは必要だ。

■「武器使用法（ＲＯＥ）」を制定せよ――警職法第七条準用は間違い

一方、「武器使用法（ＲＯＥ）」の制定は進んでいない。そもそも一九五四（昭和二十九）年の「警察法」制定に関して、警察官職務執行法第七条で慎重の上にも慎重に、自制的に人命尊重のために策定した拳銃使用規定が、自衛隊の砲撃にも、航空機の領空侵犯にも、北朝鮮工作船対処にも海賊対策にも、全部準用されているという、現行の危機管理関係実力部隊の「武器使用」が根本的に間違っている。

国連への過信と現状認識の甘さから、そして憲法には「国連」の「コ」の字もないのに、ＰＫＯ（平和維持活動）で武器が事実上使えない自衛隊を紛争地帯に送り込む非人間的な政治はまったく間違っている。ただちに**「領域警備法」と「武器使用法（ＲＯＥ）」を制定**して、**海保を法律的に武装**させなくてはならない。

武器の使用以前に、一九四八（昭和二十三）年制定の「海上保安庁法」に、海上警察としての任務を規定したり、船舶の立ち入り検査や職務質問をする権限を与えられるように改正を進めようとしている段階だが、国会の審議如何《いかん》では廃案になってしまいそうである。

しかし、そもそもの問題は、日本には「領海侵犯」という主権侵害の国家犯罪を犯罪として取り締まる「領域警備法」がなく**「領海侵犯罪」がない**ことだ。「主権侵害」は国家犯罪なのに、漁業法と海上保安庁法、ときどき「出入国管理法（出入国管理及び難民認定法）」や「麻薬取締法（麻薬及び向精薬取締法）」といった、貧弱でまったく時代はずれの根拠法規では、海上保安庁の活躍を期待するのはムリである。漁業法や出入国管理法などの行政法規には、警察官職務執行法の「危害許容要件」（犯人を死傷させても免責となる）である「死刑」「無期懲役」あるいは「長期三年以上の凶悪な犯罪」は規定されていない。

〝他国の領海内では浮上して航行すべし〟という国際法を無視して潜行したまま領海侵犯を続ける中国、もしくは北朝鮮の潜水艦に対して、**日本の海上自衛隊は、花火の「爆竹」を投下して威嚇**するものの、まるで相手から無視されている情けない実情すらある。

どんな状況で武器使用が許されるのか、国際法・国内法などと整合性を図りつつ「武器使用法（ROE）」を定め、少なくとも官邸、国交省も署名するマニュアルをつくっておかなくてはならない。

既刊『彼らが日本を滅ぼす』で示した海保用のひな形を、あらためて記しておく。

1 「密漁」だけでは武器使用は不可。
2 領海外に逃げ去る船の深追いはしない。
3 先般のような「体当たり」など悪質な公務執行妨害を、素手で行った場合は「危害射撃」は行わず、警告─威嚇射撃を行い、これに応じない場合は「船体射撃」も可。
4 火炎ビン、手榴弾《しゆりゆうだん》、爆発物、硫酸などの投擲《とうてき》に対しては、「正当防衛射撃」を行う。
警告─威嚇射撃を行い、なお抵抗を止めず海上保安官の身に危険が生じたときは、「危害射撃」も可。その場合の責任は日本政府（国交大臣）にあり、射手は免責（刑法第三十五条の「正当業務行為」）。

５　日本の漁船員保護も重要な任務であるので、中国漁業監視船による日本漁船拿捕《だほ》のための接触、臨検、連行等の動向があった場合は「拉致《らち》事件」と認定し、警告―威嚇射撃、これに応じない場合には退避を命じた上で「船体射撃」、さらに応じない場合は「危害射撃」もやむを得ない。すべて国の責任であり、巡視船船長、射手は「正当業務行為」（刑法第三十五条）で免責。両国政府の外交交渉の問題とする。

６　尖閣諸島などへの上陸に際しては、警告―海上保安官の上陸による検挙―不法入国事件として立件。なお、沖縄県警、入国管理局、さらには自衛隊との業務協定、任務分担を急ぐこと。

■中国との交渉事項――尖閣の百年凍結、軍艦不派遣の相互承認――

すべての場合において、尖閣沖の紛争が起きても、日本側は相手が攻撃して（撃って）くるまで絶対に先制的発砲はしない。この方針は、海上保安官に殉職者、受傷者が出る可能性を秘めている。そこで中国に対し、「尖閣問題は、もっと賢くなった孫たちの世代に解決を委《ゆだ》ねよう」と言った周恩来、鄧小平の叡智《えいち》を説いて「**一〇〇年凍結**」**を申し入れ**、少なくとも「軍艦不派遣の原則」、まして「武力不行使」を申し入れ、「武器の使用」の相互自粛合意が必要となる。内閣は外務省あるいはホットラインを使って、この合意実現に努力すべきだろう。

■林子平の『海国兵談』

世界史から見ても奇跡といわれる明治維新の原動力となったのは、列強による植民地獲得競争を払いのけ、**独立を保とうという強い意志**だった。

黒船来航のおよそ六〇年前、いち早く警鐘を鳴らしたのが、仙台藩士の林子平《はやししへい》（一七三八〜九三）である。昔は「リンシヘイ」と教わり、中国人かと思ったこともあったが、れっきとした日本人だ。

洋学者との交遊や長崎への遊学によって海外情勢に詳しくなった子平は、オランダの商館長から帝政ロシアの南下政策の話を聞いて、日本が植民地化の危機にあることを察知し、海防の重要性を説き、近代的海軍の創設と沿岸砲台の建造を強く進言する『**海国兵談**』を著したのだった。

「江戸の日本橋より唐、阿蘭陀《オランダ》まで境なしの水路なり。然《しか》るを是《これ》に備へずして長崎にのみ備るは何ぞや」

「日本の惣《そう》海岸に備る事は先此港口《まずこのみなとぐち》を以《もっ》て始とすべし。これ海国武備の中のまた肝要なる所なり」

と、全国的な沿岸防備の必要性を説き、近代的な常設海軍の兵器や戦術から国家経済まで論じている。

植民地獲得競争を始めたヨーロッパや、領土拡大に突き進む帝政ロシアといった世界情勢に対して、四方を海に囲まれた海国の日本は、独立を保つために国防体制の確立が急務であることを説いたのだ。

しかし時代は江戸中期、鎖国が国是である。幕府を批判する内容でもあったため、出版してくれる版元がない。そのため子平は自ら版木を作って自費出版したのだった。足かけ五年をかけて全一六巻が刊行されたのは一七九一（寛政三）年、幕府に対する政治批判を禁止する政策がとられていた「寛政の改革」のさなかであった。

徳川幕府は、『海国兵談』をいたずらに世間を惑わすものとして絶版を命じ、版木を没収、子平は蟄居《ちっきょ》処分にされてしまう。

「親もなし妻なし子なし板木《はんぎ》なし　金もなければ死にたくもなし」

という有名な歌を詠《よ》んで「六無斎《ろくむさい》」と号した子平は、その二年後に数えの五十六歳で失意のうちに死去するのだが、隠し持っていた自写による副本が残り、密《ひそ》かに筆写されて後世に伝わることとなった。

『海国兵談』は「海防論」とも呼ばれ、その思想は島津斉彬《なりあきら》、徳川斉昭《なりあき》、吉田松陰、勝海舟、坂本龍馬、高島秋帆《しゅうはん》、高杉晋作らに受け継がれていく。お台場には江川太郎左衛門《たろうざえもん》によって砲台が築かれた。

幕末、長州藩と英仏蘭米という列強四カ国の間に起きた馬関《ばかん》戦争、そして薩英《さつえい》戦争の敗北によって、近代的な火力の威力を目の当たりにした日本人は、いよいよ海防の必要性に目覚め、歴史は明治維新へと大きく回転していったのだ。

■「海防」思想の結実

新生国家・日本は**「海防」を重視**した。四方を海に囲まれ、虎視眈々《こしたんたん》とアジアの植民地化を列強が狙う時代背景、地政学的な条件があって、経済力の乏しい新興国家は、独立を守るために官民挙げての富国強兵に邁進《まいしん》するのである。

海軍を整備増強して、一八九四（明治二十七）年の日清戦争開戦時には、軍艦三一隻、水雷艇二四隻を揃《そろ》えるまでになっていた。だが清の北洋艦隊は、ドイツで建造された「定遠《ていえん》」「鎮《ちん》遠《えん》」を主力艦とする第一級の戦力である。三〇サンチ連装砲を二基四門備え、装甲の最大厚は三五五ミリ、七〇〇〇トンを超える極東最大の大型艦だった。

対する日本海軍の旗艦は三二サンチ砲一門、一二サンチ速射砲一二門を積んだ四〇〇〇トン級の「松島」など、いわゆる「三景艦」である。

「定遠」「鎮遠」に対抗するために建造された艦だが、西欧列強も大型戦艦を持つ清が有利だと見ていた。黄海海戦では一発発砲するごとによろめいてものの役にたたず、軽巡洋艦「吉野」の速射砲が効果を挙げた。この黄海海戦で、紙一重のところで北洋艦隊に勝利、制海権を確保したことで戦争の帰趨《きすう》が決まったのだった。

大国・清に新興国家・日本が勝ち、国際社会を驚かせたのもつかの間、膨張する帝政ロシアとの間で、一九〇四（明治三十七）年、日露戦争に至る。大陸ではロシア陸軍の大兵力を相手に、日本陸軍はなんとか踏みとどまっていたが、長引けば国力が持たないのは自明である。

このときに備えて、元帥海軍大将の西郷従道《つぐみち》や海軍大臣の山本権兵衛《ごんべえ》らが艦隊を整備し、軍艦七六隻、水雷艇七六隻を持つまでになっていた日本海軍だが、英仏に次ぐ世界第三位の海軍力を誇るロシアは、太平洋艦隊に加えてバルト海からバルチック艦隊を回航してきた。太平洋艦隊、バルチック艦隊の二つの艦隊が相手では、日本海軍の壊滅は必定である。そうなると日本海の制海権を失って戦争に敗れ、国を奪われてしまう。

しかも開戦から三カ月後、ロシア太平洋艦隊を追い込んだ旅順港の近くで、日本の戦艦「初瀬」と「八島」が機雷に触れて沈み、六隻の主力戦艦のうち二隻を一瞬にして失ってしまった。それでも陸軍が二〇三高地を陥落させたことで、旅順港の砲撃が可能になり、半年がかりでロシア太平洋艦隊を撃滅する。

こうして、ついにバルチック艦隊との決戦を迎えるのである。もしロシアの軍艦が数隻でも基地のあるウラジオストックにたどり着くと、日本海の海上交通路が脅かされることになる。そうなると、大陸で戦う陸軍への補給がおぼつかなくなる。何よりも戦争が長期化すると日本の国力が持たない。

日本が生き残るには、バルチック艦隊を全滅させるしかないという、きわめて困難な任務が日本海軍に課せられた。

だが、東郷平八郎中将率いる日本の連合艦隊が、一九〇五（明治三十八）年五月二十七、二十八日の日本海海戦で完勝を収めたことは歴史の示すとおりである。

参謀・秋山真之《さねゆき》中佐の立案による「七段構え」の作戦に加え、猛訓練を積んだ日本艦隊による砲撃はロシア艦隊の三倍に達する命中率だった。砲弾には燃焼力のきわめて高い下瀬《しもせ》火薬が使用されており、ロシア艦の甲板を焼きつくして戦闘力を奪ったのだった。

この日本海海戦の完勝で、ロシアを講和会議の席に引きずり出し、「ポーツマス条約」が結ばれたのだ。林子平の『海国兵談』に端を発する「**海防**」**思想の結実**であった。

■海防艦（退役した大型護衛艦）を遊弋させよ

かつての日本海軍には「**海防艦**」という艦種があった。一九四二（昭和十七）年に分類の定義が変わって五〇〇〜一〇〇〇トン級「コルベット」型の小型護衛用艦艇や商船・貨物船改造の大型仮装巡洋艦を指すようになったが、それまでは旧式の戦艦や巡洋艦などが転用されており、日清・日露戦争当時の大艦を「海防艦」として近海・沿岸の防備に用いていた。

日露戦争で鹵獲《ろかく》したロシア戦艦七隻は、日本海軍の軍艦として編入され「海防艦」になっている。

「インペラートル・ニコライ3世」は「壱岐《いき》」、「アリヨール」は「石見《いわみ》」、「ポペーダ」は「周防《すおう》」、「ペレスウェート」は「相模《さがみ》」、「ポルタワ」は「丹後」、「アドミラル・セニャーウィン」は「見島」、「ゲネラルアドミラル・グラーフ・アプラクシン」は「沖島」と名を変えて、海防艦として使われたのだ。

「海防艦」は戦闘用の軍艦だから警備艇などとは偉容が違う。「アリヨール」や「ポペーダ」は一万三〇〇〇トンを超える排水量を持つ巨艦である。さすがに三〇サンチの主砲は不要だからはずしただろうが、一万トンを超える艦も多く、一五サンチ速射砲や機関銃をたくさん搭載している。戦艦ならではの武装や装甲ゆえ、そこにいるだけで圧倒的な海防力があった。

こうした「海防艦」は日本と日本人を守るために使われた。大正時代、日魯《にちろ》漁業が北洋でサケマス漁業をやるときは、元戦艦で一万トン級の海防艦が一隻浮かんでいるという仕組みだった。

こうした大型艦が見守る中、北洋漁船などが操業していたのである。五〇〇トン程度のソ連の警備艇がいくらやってきても、拿捕などの手の出しようもない。元ロシア戦艦が日本の北洋漁業を保護するという皮肉な話だが、操業する漁船員たちは、さぞ頼もしかったことだろう。

一九三二年の上海事変に際しては、日本人居留民保護のために海防艦「出雲《いずも》」が第三艦隊旗艦として上海港に入り、上海共同租界を襲撃する中国軍に砲撃も加えている。排水量一万トンの「出雲」は一八九八年に英国で装甲巡洋艦として建造され、日本海海戦でも活躍している。こうした大艦が「海防艦」としてにらみを利かせていたのである。

自国民の生命・身体・財産の保護は国家の重要な任務である。当然のことながら、そのためには国としての独立を守り、**領土・領海を保全**しなければならない。

現在の海上自衛隊に「海防艦」という艦種は存在しないが、いまや「無法の海」と化している、日本海・東シナ海に、こうした「**海防艦**」を**遊弋《ゆうよく》させれば、領海侵犯などできるものではない**。中国漁船や北朝鮮の工作船が出没するのは、日本の艦船はまず砲撃しない、よしんば砲撃してもたいした威力はないと見切られているからである。

■国政を預かろうとするなら「海防」を重視せよ

どうしてこうなったのか。

それは第二次世界大戦の敗戦後、「**海防」思想が断絶してしまったため**である。陸海軍は廃止され、海防の役割は運輸省（現・国土交通省）に属する海上保安庁が、海上交通の安全のためにこれを担うことになった。日本はすべて米第七艦隊任せというお妾《めかけ》さん状態に堕してしまった。

諸外国では、こうした「海防」、すなわち領海警備を担当するのは、**コースト・ガード（沿岸警備隊）**である。これは準軍事組織だから侵入してくる「敵」に対する、相応の兵装を持っている。体当たりしてくるような相手は撃沈するのが、国際的なレベルのコースト・ガードなのだ。

ところが日本の海上保安庁は「海上交通警察」としての役割に閉じ込められ、「海上交通」だからといって運輸省に配属され、貧弱な搭載兵器のままに置かれてきた。巡視船・艇の大部分は、射程二キロほどの一二・七ミリ機関銃しか備えなかったのである。海の交通巡査や密漁取り締まりのガードマンに大砲は要らないからだ。巡視艇のスピードは二四ノット、装甲はなかった。

ようやく今、先述したように二〇ミリガトリング砲が装備され、高速化が図られるなど巡視船・艇の整備が進められるようになってきた段階である。

■能登半島沖での国辱

兵装の強化、高性能化のそもそものきっかけは、一九九九（平成十一）年三月、能登《のと》半島沖で領海侵犯した北朝鮮の工作船に、海上保安庁の巡視船が振り切られてしまったという事件だった。

海上自衛隊に自衛隊法第八十二条の実戦命令たる**「海上警備行動」が初めて発令**されたが、出動したイージス艦「みょうこう」の五インチ砲も、P－3Cの二五キロ爆弾も工作船には直接当たらないように発砲・投下する。工作船は日本が法的に狙って撃てないことを知っているから、知らぬ顔で母港の清津《チョンジン》まで逃げ切った。

それは「鶏ヲ裂クニ牛刀ヲ以テス」のたとえそのままのコミックだった。英国の皮肉なMI6の友人からわざわざ国際電話がかかってきて「また日本海海戦があったそうな。今度はアドミラル・トウゴウがいなくて北朝鮮に負けたそうな」とからかわれる始末だった。

これを契機に、日本の領海で北朝鮮の偽装船が暗躍していることは広く知られるようになり、船体射撃を可能にする海上保安庁法改正が実現したのである。

また二〇〇一年十二月には、九州南西沖の東シナ海で、北朝鮮の武装工作船が追跡する海上保安庁の巡視船を銃撃、正当防衛による射撃で銃撃戦となり、工作船は自爆自沈するという事件が発生している。工作船の最初の銃撃で、海上保安官三名が負傷しており、長射程の機関砲への換装や、船艇の高速化、防弾化が進められたことは先に述べたとおりである。

9・11同時多発テロのあとでこの事件が発生したとき、日本には東郷平八郎はいなかったが、所管の国土交通大臣に**〝日本のサッチャー〟と呼ばれた扇千景《おうぎちかげ》氏**という女傑がいた。

工作船がAK47（ソ連製突撃銃）やRPG7擲弾《てきだん》銃などを乱射してくるのを見るや、新造の小型高速艇「いなさ」「みずき」に応射を命じた。これが全弾命中、工作船は炎上し、自爆自沈した。普通の政治家だとここで止まってしまうのだが、日本のサッチャーは、「中国を刺激する」「東シナ海は大荒れ」「予算がない」と渋る役人たちを叱咤して、証拠保全のため、この中国経済専管水域付近に沈んだ工作船のサルベージを命じ、さらに残骸《ざんがい》の日本回航を命じたのである。

しかも扇千景氏は、驚いたことにこの工作船を国民に見せると断言した。そこにもう一人、**日本財団の曽野綾子会長（当時）**という女傑が現れ、その費用を負担し、東京・お台場の「船の科学館」で展示されることとなったのだ。

私はさっそくこの壮挙を全面支持し、公開初日に訪れた。あいにくの雨の中、何百人という見学者が行列をなすのを見て、「VIPも一般もない、すぐ入場させましょう」と提言した。他の招待客も全員同意し、そのため一般公開は数時間前倒しされ、私たちはみなでひしめき合ってこの醜悪な工作船を見学した。

なんと「いなさ」「みずき」の放った二〇ミリ砲弾は、一八五発全弾命中、さすが自動照準のヴァルカン二〇ミリ砲は、荒れた東シナ海でも正確そのものだった。

政治がシッカリ現場に必要な装備を与え、責任を負う覚悟で指導者がハッキリ命令すれば、結果は必ず出るのだ。

■北朝鮮の秘密兵器「四角手榴弾」

私が真っ先に見学したのは、「四角手榴弾」だった。搭載武器展示室の向こうにそれはあった。世界に例のない、領海侵犯時の敵方監視船・艇と洋上で接近戦をするための「**北朝鮮発案の秘密兵器**」であった。

ふつうの丸みを帯びた手榴弾だと、荒れた海では敵船の甲板を転がって海に落ちてしまう。ところがこの四角手榴弾だと敵船のブリッジで転がらずに止まって爆発し、敵の船長らをなぎ倒す……という代物だった。

それともうひとつ、どうやって使うのかと首をかしげたのが、船尾にあり、つかまる把手《とって》さえない甲板に丸くくりぬいたトイレだった。水洗の必要はない。そのまま海中に落とし流せばいいのだが、これはよほどの凪《なぎ》のときでないとそれこそ命がけだなと、敵ながら北朝鮮工作員の人知れぬ苦労を思ったものだった。

日本周辺の海域は決して善意と平和だけの海ではないし、実効支配という手段によって領土・領海が奪われていく危険に、現実としてさらされている。事件が起きてから対応したのでは遅すぎる（その対応すら不的確なのは論外だが）。

「海防」思想を忘れ、領土・領海が失われていくのを座して追認しているような政治家は、国民に害をなす存在でしかない。

「（尖閣購入は）本当は国がやるべきだ。東京がやるのは筋違いだが、やらざるを得ない状況だ」と、国会の委員会に参考人として出席した石原都知事は獅子吼したが、まさにそのとおりで、**尖閣は国が守るべき**なのである。

国政を預かろうとする者は、日本の領土・領海をどう守ろうとするのか、すなわち海防を、具体的にどう考えるのか、すべからく明らかにすべし。これは治安・外交・防衛・国家安全保障への姿勢を端的に示す重要なテーマである。

■では「海防艦」をどうやって？

識者は言うだろう。「ただでさえ乏しい防衛予算の中で、どうやって『海防艦』を造るのか。今は時代が違う。戦利品の一万トン級の元戦艦など、筆者は時代錯覚も甚だしい」と。

だが、私はできると思う。

先般、潜水艦の耐用期間を延ばすことで一六隻体制から二二隻体制へと増強したあの手法を、システム護衛艦に適用し、廃棄処分を延期して兵装も軽装化して、地方隊五隊一〇隻を一〇隊四五〇〇トン級の二〇隻とすればよい。オットー・メララ速射砲とＣＩＷＳ二〇ミリ高速機関砲（クロース・イン・ウェポン・システム）はそのままとし、主任務を北氷洋、日本海、東シナ海とくに尖閣諸島海域として、大湊、舞鶴、佐世保、呉《くれ》と西方に向け配備をする。

そしてその任務は**島嶼警備、日本漁船保護、海賊船・工作船取り締まり**とする。北方四島への備え、対馬の守り、そして日本海や尖閣諸島海域における日本漁船や漁民の拿捕、拉致への警戒が主任務で、もし対潜装備があれば防衛出動下令時に備えてその能力を保有させておくことも念頭に置くべきだろう。

もちろん「**領域警備法**」と「**武器使用法**」**を緊急立法**することも併行して行う。安倍晋三内閣が目指しながら果たせなかった海防政策が、近い将来現れるであろう救国保守内閣にできないはずがない。

第二策――外交論

集団的自衛権の行使を認め、日米安全保障条約を「一〇〇年条約」にすべし。「防衛費一％枠」は撤廃、防衛問題を財政問題にしてきた愚をあらためよ

「外国ノ交際広ク公議ヲ採リ、新《あらた》ニ至当ノ規約ヲ立ツベキ事」（坂本龍馬の「船中八策」の四）
「古来ノ律令ヲ折衷シ、新ニ無窮ノ大典ヲ撰定スベキ事」（同五）

命綱の日米同盟は、鳩山・菅という日本政治史上類例を見ない愚かな首相によって、たった二年間でズタズタに切られてしまった。日米同盟がなければ日本は守れない。自主防衛には莫大《ばくだい》な経費がかかるだけでなく、ロシア、中国には独力ではとても勝てない。北朝鮮に対しても、さらに核・ミサイルの開発が進めば、日本はその故金丸信《かねまるしん》副総理が「無権代理」で約束したといわれる「一二〇〇億ドル」の戦時賠償をはじめとする無法な要求を受けざるを得なくなることだろう。

■日米同盟の〝深化〟とは何か

二〇〇九（平成二十一）年の政権交代以降、民主党の三名の総理もみな判で押したように

「日米同盟の深化」を唱えてきた。だが結果はどうだったか。
所信表明演説で「緊密かつ対等な日米同盟」と述べた鳩山由紀夫総理は、「東アジア共同体」発言や普天間移設問題によってアメリカの信頼を著しく損ねた。発言は二転三転、移設先の決定を先送りしながらオバマ大統領には「トラスト・ミー」と言ってみたり、「われに腹案あり」と自信満々で臨んだ候補地の馬毛《まげ》島は、鳩山氏一人の妄想的思い込みでまったく話にならなかった。とても一国の宰相の器ではない。総理を辞めたあとは「バッジをはずす」約束だったはずなのに、野田―オバマ会談がやっと実現したら「私がトラスト・ミーと言ったのが実を結んだ」などと言い、「普天間は県外に」と再び世迷いごとを言う。野田総理も、彼を外交担当の民主党最高顧問などにするから、勝手なイラン二元外交でやけどをするのだ。**アメリカは完全に鳩山総理の能力を見透かし**ていた。

ついでに一言。「トラスト・ミー」について私の見解を述べておきたい。

米国の通貨には「イン・ゴッド・ウィ・トラスト（In God we trust＝われわれは神を信じる）」と刻印されている。西部劇では、さすらいのガンマンが酒場でバーテンにウィスキーを求めると一ドル銀貨をカウンターに置かないとグラスに酒を注がない。つまり、知らない者同士の西部の荒野では「キャッシュ・オン・デリバリー」がルールである。

これはバーテンは「一ドル銀貨は信用するがアンタは信用しないよ」と言っているのである。

そのため、移民国家であるアメリカでは、今でも場末のバーなどでは「イン・ゴッド・ウィ・トラスト」という表示がある。すなわち「うちは現金払い」ということで「ツケは利かない」。

もっと端的に言えば、「われわれは神と一ドル銀貨は信じるけれども、アンタは信用しない」「アイ・ドント・トラスト・ユー」なのだ。

リッチな留学生だった鳩山氏は知らなかったのだろうが、私は一日六ドルの貧乏語学研修生を体験していたからそのような場所も知っている。

当時、バーに行ったら、実際カウンターに「イン・ゴッド・ウィ・トラスト」と記されていた。私が「さすがにメイフラワー号で渡米した新教徒の国だ。こんなバーでも神を信じているのか」とつぶやいたら、同行したアメリカの友人が大笑いしながら、

「これはキャッシュ・オン・デリバリーのことだよ。ドルと神様は信じるけど、風来坊のおまえは信じないよと言っているんだよ」

と教えてくれた。

「トラスト」という言葉にはそれだけの背景がある。初対面の米大統領に日本の首相が「アンタは信じないよ」など、いきなり言うべきことではない。**オバマ大統領は、さぞ驚いたことだろう。**

■外交担当最高顧問のイラン二元外交

菅直人総理には初めから期待していなかったが、予想どおり、なんら日米関係は修復されなかった。そして何を考えたのか、**野田佳彦総理は鳩山氏を外交担当の最高顧問に、菅氏を新エ**

ネルギー政策担当最高顧問に就ける始末である。

外交担当最高顧問になった鳩山氏は、対イラン制裁で国際協調している日本の立場を考えず、勝手にイランに行って大顰蹙《ひんしゅく》を買った。

野田総理は「政府の基本姿勢や国際社会の取り組みはわかっているとの話だった」と擁護しているが、任命責任というものを考えたことがあるのか。

普天間問題を迷走させた張本人を外交担当最高顧問に就けたことからして、外交を軽んじているとしか思えない。

民主党はマニフェストに「東アジア共同体構想」を謳《うた》って、アジア外交の強化に取り組むとしている。この「東アジア共同体構想」については、拙著『彼らが日本を滅ぼす』を参照されたいが、そもそもは**アメリカを太平洋から追い出そうという江沢民外交**のことだ。

その一方で、「対等な日米関係」「東シナ海を友愛の海に」「沖縄のアメリカ海兵隊無用論」などと口走って、日米中が等距離にあるという「日米中正三角形論」を唱えている。耳触りのよい言葉だが安全保障にはまったく実効性のない、**自己矛盾の空理空論**だ。

どうするのだろう。ＡＰＥＣ（アジア太平洋経済協力）からオーストラリア、ニュージーランド、アメリカを追い出して、中国の言うように内蒙古《うちもうこ》・北朝鮮を入れて北京で会合しようというのか。

■「アメリカの核の傘による平和」という現実

方法論、具体論が示されない限り、無責任な観念論にすぎず、責任ある政権党の掲げることではない。

今、日本は**アメリカとの関係を強固なものにしなければ、日本の独立そのものが危ない**。まず、この事実を忘れてはならない。

日米同盟がなければ、日本は自主防衛に踏み切らざるを得ないが、アメリカに頼ることなく周辺事態に対応できる防衛力を備えるにはＧＤＰの〇・九％程度ではとても足りず、莫大な経費がかかる。

深刻な財政難を抱える日本に、はたしてそれは可能なのか。費用対効果がもっとも大きいのは核武装だが、福島第一原発事故以来、日本国民の核アレルギーは悪くなる一方で、その実現を目指すにしても時間がかかる。今、日本が置かれている状況では現実的ではない。

長らく日本は「**防衛費一％枠**」を守り続けてきた。これは一九七六（昭和五十一）年、三木武夫内閣が「防衛費はＧＮＰ（現在はＧＤＰ）の一％以下に抑える」旨を閣議決定したことによる。

私が内閣安全保障室長を務めていたときの大きな課題のひとつは、この決定をいかにして反《ほ》故《ご》にするかであった。

一九八七（昭和六十二）年、第三次中曽根内閣において、それは叶《かな》ったが、以後、一％を超えたのはわずかに三回だけで、歴代内閣はなぜか「一％枠」を守り続けている。

それは、大蔵省（現・財務省）および大蔵省出身者の多い自民党宏池会《こうち》が伝統的に「軍縮」志向で防衛問題を財政問題としてとらえ、防衛次官人事を執拗《しつよう》に大蔵省出向者で支配してきたこともある。宮澤喜一氏はその代表だった。二・二六事件による高橋是清《これきよ》蔵相暗殺という不幸な歴史も、無関係ではない。大蔵省は伝統的に反軍で、いつの時代でも軍事費（防衛費）拡大には反対なのだ。

しかし現実を見誤ってはならない。

これまで日本が安全に繁栄を続けられたのは、憲法第九条の平和主義のおかげではない。まして軍事費抑制の大蔵省のおかげでもない。

日本の平和はアメリカの核の傘のおかげだったのである。この構図は今も変わっていない。

■日米安保条約を「一〇〇年同盟」にせよ

しかし現行の**日米安全保障条約は、きわめて不安定な条約**なのだ。というのもこれは、一九六〇（昭和三十五）年から一〇年間の時限条約として結ばれ、七〇年以降は一年ごとに自動延長されているものである。

条文では「一年前に予告することにより、一方的に破棄できる旨を定める。破棄予告がない限り、この条約は存続する」と定められている。つまり、どちらか一方が破棄を望み、予告さえすれば、一年後には簡単に解消されてしまうのである。

現在、アメリカは六カ国協議にアジアの平和を委ねているが、北朝鮮の核武装を阻止する責任は中国に負わせている。その中国は、比較的親日だった胡耀邦《こようほう》系の胡錦濤、趙紫陽《ちょうしよう》と彼らの右腕といわれた温家宝が去り、反日の江沢民の腹心である習近平が国家主席となって再び反日教育が始まる可能性があり、ロシアでは再びプーチンが大統領に就任し、対日姿勢が強硬的になることは間違いない。

■反日・統一・核武装の統一朝鮮共和国は我らの悪夢

そして、もっとも懸念されるのは朝鮮半島の統一だ。北朝鮮の世襲やミサイル発射による国威発揚は、崩壊の序章とも見られるわけで、そうなると朝鮮半島では北が崩壊して南が主導する統一国家が登場する可能性は高い。

日本の安全保障関係者の長い長い悪夢は、「**反日・核武装・統一朝鮮共和国**」**の出現**だ。反日で核武装した南北統一朝鮮共和国が誕生した場合、六カ国協議構成国の中で非核国は日本だけとなり、唯一頼りのアメリカは日本より中国を重視するかもしれないという危険さえある。

だから、総理が三人も続けて口先だけで「日米同盟深化」のお題目を唱えている場合ではない。今のうちに普天間解決や集団的自衛権容認など行動で示さなければ、「深化」など空念仏に終わってしまうだろう。日米安保条約を結び直し、「**一〇〇年同盟**」**の関係に深化**させていく必要がある。

ところが民主党政権による無能外交のおかげで、今、アメリカの日本に対する不信感はきわめて高くなっている。

野田総理はこれまで「日米関係がいかに大事か」「中国は日本の脅威である」と主張していたから、鳩山内閣、菅内閣でまったく欠落していた外交・治安・防衛を組み立て直すだろうと期待していた。だが、またもや失望させられた。

昨年九月の日米首脳会談においても、野田総理は、オバマ大統領に「何か結果を出せ」と厳しい言葉をかけられている。これはまったく恥ずべきことだ。

しかも何もわかっていない**素人《しろうと》に外交・治安・防衛の大臣（玄葉《げんば》光一郎、山岡賢次、一川《いちかわ》保夫、田中直紀の各氏。玄葉氏を除き、当時）を任せた**ものだから、役人がやる気をなくしてしまった。それでいて「政治主導」とは聞いて呆れる。

とりわけひどかったのが「安全保障に関しては素人だが、これが本当のシビリアンコントロールだ」「ブータン国王が来て宮中で催し物があるが、私はこちら（民主党議員のパーティー）の方が大事だ」と述べた一川保夫防衛大臣だった。

こんな素人以下の人物を起用する野田総理の見識を疑っていたら、二〇一二年一月に発足した改造内閣では、もっとひどいことになった。ご存じ、田中直紀防衛大臣である。

参議院の北朝鮮ミサイル発射の集中審議で、ヒゲがトレードマークの佐藤正久参議院議員（元陸上自衛官、サマワ派遣隊長も務めた）に問い詰められ、「もしも」と仮定形で答弁すべきところ舌がもつれて「モシモシ、モシモシ」と二度もとちり、出席の与野党議員たちは「電話じゃないぞ」と笑いだし、涙を流し、二つ折りになって笑い崩れるシーンが全国中継された。四月十三日の北朝鮮のミサイル発射失敗のときの周章狼狽《ろうばい》ぶりに至っては国辱ものだ。

米国の友人から電話があって、「日本政府の威信を傷つけるから、テレビ中継は止めてはどうか」と忠告される有様だった。まともに答弁ができないのだから、なにをかいわんやである。

六月四日、野田総理は内閣改造を行った。

その際、大きく注目されたのが**民間から抜擢された森本敏防衛大臣の就任**である。シビリアンコントロールをめぐる議論も起きたが、私はこの人事を大いに評価する。国防を知らない素人国会議員と、民間出身とはいえわが国の安全保障をめぐる諸問題を知り尽くした専門家とでは、どちらが日本の国益にかない、統率される役人や自衛官の士気もあがるか、国際交渉の場でも信用されるか、それこそ比べるまでもない。

■真に対等な同盟関係を築くための具体策とは

目下、アメリカでは大統領選挙の候補者争いが行われている最中だが、中にはロムニー共和党候補のように「日本より中国との関係を重視すべきだ」という意見が少なくない。昨今の不安定な国際情勢の中、日本はアメリカからいつ〝離縁状〟を突きつけられてもおかしくはないのである。

先に述べたように一九七〇（昭和四十五）年に改定された日米安保条約は一年ごとの自動更新で、六〇年の旧条約から数えると実に五二年も続いてきた。

日本人はそれが当たり前と思い込んでいるが、日米双方とも**「一年前の事前通告」をするこ**

とで一方的に破棄することができるのだ。

期限が決まっていないだけ不安定な条約であることを、国民は銘記すべきである。

今、日本が行うべきは「日米同盟深化」などと言葉を上っ面だけで並べることではなく、真に対等な同盟関係を築くための具体策を挙げることだ。

それには日本がアメリカに対し、「条約第五条を双務にして対等になり、一〇〇年条約にしよう。その代わり第六条の基地提供は条約上の義務ではなく、他のアメリカの同盟国のようにホスト・ネーション側の好意によるものとしたい」と**日米安保条約改定を提言**することが日米同盟の再構築につながるのだ。

■集団的自衛権を認めよ

長らく日米がいびつな関係にあったのは、日本が「**集団的自衛権を行使しない。できない**」としていることに起因する。

集団的自衛権とは同盟国に対する武力攻撃の際、自国が直接攻撃をされていなくても、武力で阻止する権利をいう。国際法上は集団的自衛権を有するものの、憲法第九条の「わが国を防衛するための必要最低限度の範囲」を超えた武力行使になるため、行使はできないとしているのである。

だから日本は、アメリカに一方的に防衛してもらうことになっている（日米安全保障条約第五条）。

その代わり、日本国内に米軍の駐留を認め、施設や区域を提供しているのである（同第六条）。この第六条に基づく日米地位協定によって、軍事基地や情報、在日米軍の駐留経費の一部を提供している。

これはホスト・ネーションの好意ではなく条約上の義務なのだ。

いわゆる「思いやり予算」とは、円高ドル安でアメリカの負担が増えたとき、在日米軍基地で働く日本人従業員の給与の一部を日本側が負担したことに始まる。

故金丸信防衛庁長官が「在日米軍家族の生活が苦しくてかわいそうだ。〝思いやり〟を持って支援しよう」と発言して、開始当初は既存の駐留経費に加えて最初一億ドル（円高となり一八〇億円）から始まり、続いて一億ドル増額、計二億ドル（当時三六〇億円）で協定外の特別措置として始まった。私は当時防衛庁にいて、その経緯をよく知っている。

その「思いやり予算」も今では二〇〇〇億円前後まで膨れあがっている。小渕内閣の時代からは減額されてはいるが、民主党政権になってなお、実に見識のない政治家が外交を行い、払い続けているのである。

集団的自衛権は行使しないけれども、個別的自衛権は行使するというのが日本政府の見解である。要するに、自分だけでは自分を守れないからアメリカに守ってもらうけれども、仲間の国をお互いに守ることはしない、と言っているのである。やはりこれはおかしい。

まず日本は、**集団的自衛権の行使を明言**することだ。これには国会議決など必要ない。総理大臣が決定し、内閣法制局長官がそれを有権解釈であると言えばよい。

そして安全保障条約第五条を改定する。そうすれば第六条の義務を課せられる必要もない。アメリカは二〇を超える国と防衛条約や協定などを結んで、多くの国に米軍基地を置いているが、それは相手国の「ホスト・ネーション・サポート」の「好意」であって、条約上の義務となっているのは日米安保条約だけなのである。

付け加えるなら、**普天間飛行場は嘉手納《かでな》基地に統合**すればいい。それができないのは、たんにジェット機と回転翼機の同居は危険であるという航空界の常識と、米海兵隊（普天間）と米空軍（嘉手納）の折り合いが悪いというアメリカ側の事情にすぎない。アメリカの上院でも、嘉手納基地統合案が出ていることは周知の事実である。

■集団的自衛権の行使容認へと進展させよ

この原稿を書いている最中の四月二十七日、在日米軍再編見直しの中間報告が発表された。これには米海兵隊を沖縄だけでなくグアム、ハワイ、オーストラリアなど広域に分散配備するほか、「**動的防衛協力**」を促進するために日米共同演習を拡大する措置が盛り込まれた。「動的防衛協力」とは、自衛隊と米軍が共同防衛の範囲をアジア太平洋地域に広げ、ダイナミック（動的）に協力することを意味している。

具体的には、テニアン島などの米軍基地に自衛隊を駐留させ、共同訓練や上陸演習を行うことが想定されるなど、アジア太平洋地域で日米の共同防衛が一歩前進することになる。集団的自衛権の行使へと結びつけていくことは、ますます重要になった。普天間問題は切り離して、こうした方向で動きだしたことをまずは評価したい。

しかし本来は、二〇〇六年に自民党政権下で再編見直しに合意していたのであり、もっと早く、具体的に調整を進めなくてはならなかったことだ。

鳩山内閣、菅内閣で普天間問題が迷走したために、遅れに遅れたのである。この発表も実は二十五日に予定されていたのだが、発表直前にアメリカの上院軍事委員会のレヴィン委員長ら有力議員に「待った」をかけられている。

その伏線には**アメリカ議会に対日不信**があったとされる。

これ以上、日米同盟が空洞化に向かうようなことは許されない。野田総理は、集団的自衛権の行使容認を持論としてきたはずだ。集団的自衛権行使を禁じている政府の憲法解釈を変更するくらいの覚悟と実行力を見せてほしいものだ。

民主党政権下ではまったく期待していないが、一部、心ある議員が第三極に結集する際の、旗印がこの「集団的自衛権」になる。

その際、日米関係が対等といっても、世界の警察を自任するアメリカは世界中に軍隊を派遣する。アメリカ軍の出ていくところすべてに自衛隊を派遣するわけにはいかない。**日米共同防衛行動の地理的範囲は「極東」**とされている。

一九六〇年、日米安保条約の締結時に付属文書として交わされた「岸信介総理—クリスチャン・ハーター国務長官協定」では、在日米軍が在日米軍基地から「極東」の軍事紛争に出撃するについては事前協議が必要とされている。

その「極東」とは政府統一見解でフィリピン以北ならびに日本、朝鮮半島、台湾の海域と定めたものだ。ベトナム戦争が本格化した一九六五年、Ｂ－52が沖縄から北爆に向かうのは協定違反だ、「極東」ではないと囂《かまびす》しかった当時、在日米軍の行動半径がこの三国だったこともある。日本から出撃して帰ってこられる距離との関係で決まった概念なのだ。まさにこの「極東」を日本の国益のために現代でも逆用し、集団的自衛権行使の範囲をこの協定を活かして決めたらよい。

そうすれば必ず**周辺国への強い抑止力**を発揮できる。南シナ海や尖閣諸島沖で傍若無人な振る舞いを繰り返す中国に対しても牽制《けんせい》できるであろう。

一方、この集団的自衛権行使の範囲は、**国連協力とは別物**と考えるべきである。

近年、ＰＫＯ（平和維持活動）や「テロ対策特別措置法」などあらゆる名目で、自衛隊は世界各地に派遣されているが、日本の国益にどれほどかなっているのかは不透明だ。国連からの派遣では最近も、自衛隊の南スーダン派遣だとか東ティモール統合ミッションなどで遠隔地に行っているが、アメリカ軍との共同防衛の範囲は「極東」に限定すべきだろう。あくまでも**自衛隊は日本の国益にかなう地域についての防衛**を行うのである。

ＰＫＯは少なくとも憲法第九条も日米安保条約も関係ない。強いて憲法上の解釈を求めるなら、第九十八条にある「条約及び確立された国際法規の遵守」であり、国連加盟国の義務としての「ノン・ミリタント」（兵力の使用を伴わない措置）としての派遣である。国連憲章第四十二条の加盟国の派兵義務には「ミリタント」と「ノン・ミリタント」の二つがあり、どの兵種をどの規模で派遣するかは、国連事務総長と加盟諸国政府の個別協議によることになっているのだ。だが、それでも**PKOでの「武器使用法（ROE）」の制定**が急務だ。

■防衛問題を財政問題にしてきた弊をあらためよ

先にも触れたように、いまだに日本は**「防衛費一％枠」を金科玉条**として守り続けている。責任ある立場で防衛を考えると、これはまったく腹立たしいことだ。

その時期の戦略情勢によって、正面装備を増やすと後方の定員を削られるといった、目先の帳尻合わせばかりに目が向いてしまうのだ。大蔵省（現・財務省）は、防衛問題を財政問題としてとらえ、自民党、とくに大蔵省出身者が多い「宏池会」は伝統的に反防衛庁だった。

北朝鮮のミサイル保有によって「迎撃ミサイルが必要だ」「PAC－3（パトリオットⅢ型）を研究しなくてはいけない」となったとき、ただちに安倍内閣は一〇個中隊への緊急配備を決めた。その一方で、いつの間にか潜水艦が削られていた。

内閣安全保障室長を務めていたとき、私は「防衛費一％枠」をなんとか撤廃したいと努力を重ね、一九八七（昭和六十二）年、第三次中曽根内閣では「一％枠」をわずかに超えることができた。中曽根総理も「防衛費を伸ばした」と胸を張ったけれども、なんと当時、隊舎にトイレットペーパーが置かれなくなった。バカバカしいことに隊員たちは、自分でトイレットペーパーを持って「個室」に入らなければいけなくなった。大蔵省（当時）が意地悪したのだが、偉い人は知らないことだ。〝江戸の仇《かたき》を長崎で〟の類《たぐ》いで、一％枠の仇をトイレでとったというこの査定はきわめつきの愚挙であった。

「防衛費一％枠」を課したことで、独立した国家であるための防衛問題を、いかに予算を確保するかという財政問題にしてきたところに、この国の大問題がある。この悪《あ》しきならわしを、もう止めなくてはいけない。勇気を持って議論、判断し、来たる総選挙においては**防衛費の増強について旗幟《きし》鮮明にする**ことを、政治主導を主張する政治家たちに強く求めたい。

第三策――皇室論

まず天皇制護持を宣言せよ。「皇室典範」の改正により、旧宮家男系相続人の養子縁組を認め、皇統断絶の危機を回避すべし

「天下ノ政権ヲ朝廷ニ奉還セシメ、政令宜《よろ》シク朝廷ヨリ出《い》ヅベキ事」（坂本龍馬の「船中八策」の一）

「御親兵ヲ置キ、帝都ヲ守衛セシムベキ事」（同七）

「船中八策」では、第一策に天皇親政が掲げられている。天皇制は二〇〇〇年以上存続している世界に誇る伝統であり、天皇中心に日本を再統一しようという改革が明治維新であった。これに触れずして「平成維新」を名乗ることも語ることもできない。天皇の血筋が絶えることなど、まったく心配していない。今や皇統が絶えるかどうかの天皇制の危機なのである。

■天皇制は日本民族の知恵の結晶――国家危機管理のための国家機関――

日本が日本らしく再興するためには、必ず「**天皇制**」に言及しなくてはならない。石原慎太郎都知事の未定稿の船中八策（石原新党の基本政策）では、「国体」「国ノ在リヨウ」は男系で

皇室の伝統を守るなどと、日本の天皇制の護持を示唆している。

幕末期、龍馬をはじめとする改革勢力も、惰眠をむさぼる幕府ほかの佐幕側も、天皇は不滅であることは大前提であった。

天皇制には、日本民族の知恵が結晶している。「権力」ではなく、「権威」の象徴を戴いておいて、誰も決断できない、誰も指導力を発揮できない重大な場面で機能する。国が滅びるかもしれないという危機的な場面で、「権力」として歴史の舞台に登場させ、しかも日本国民が納得するのである。

いささか不敬な表現だ、天皇機関説の美濃部《みのべ》達吉《たつきち》の再来だとして立腹する古い方々もいるかもしれないが、私は、「**天皇制とは日本民族の国家危機管理機関**」だと考えている。

近世でいえば、明治維新のとき突然、みんなが守《も》り立てて「権力」にしたのである。徳川の世から天皇の世に一新して、日本はきわめて短期間で中央集権国家となり、富国強兵に成功してアジアでは奇跡的に独立を保ったのだ。

天皇を担いで「権力」にしようとした事件もあった。一九三六（昭和十一年）二月二十六日未明、陸軍皇道派の影響を受けた青年将校らが、「昭和維新断行・尊皇討奸《とうかん》」を掲げて起こした「二・二六事件」である。このクーデターは昭和天皇の激しい怒りによって失敗する。

そして一九四五（昭和二十）年八月十五日の玉音放送である。これは「権威」ではなく、たしかに「権力」だった。武器を置けと全国民に史上初の「玉音放送」で命令を出したのだから。

さらに一九四六（昭和二十一）年に天皇の全国巡幸が始まる。「退位も考えたが、全国を隈《くま》なく歩いて、国民を慰め、励まし、また復興のために立ちあがらせる為の勇気を与えることが自分の責任と思う」と、その意義を語られ、当時の一都一道二府四二県（沖縄だけは行けずに「心残り」の仰せ）を、足かけ八年にわたり巡幸されたのだ。

戦没者は、軍人・軍属、一般国民で約三〇〇万人以上にのぼる。遺族には、天皇を恨んでいる者もいただろう。秩序や価値観は崩壊、道徳は頽廃《たいはい》し、国民は食糧にもこと欠いていたのである。だが当時のフィルムを見ると、背広にソフト帽の昭和天皇は、警護らしい警護もなく民衆の中に入っていかれている。キャップライトをつけて地底の炭坑にも入られている。

こうした昭和天皇の行動が日本を救ったのだと、私は思っている。焦土から立ち上がった日本は、短期間に経済大国になって再び世界を驚かせたのだ。

■二度目の「玉音放送」——初めて自衛隊を嘉賞

それから六〇年以上を経た二〇一一（平成二十三）年、また**二度目の「玉音放送」**が流れた。東日本大震災後の三月十六日、第百二十五代今上天皇のメッセージがテレビで伝えられたのである。

誰かが天皇に進奏したわけでもなく、自ら原稿を書かれたのだと聞く。さらに「自分のメッセージの間に（地震速報などの）臨時ニュースが入ったら、メッセージを中断してニュースを優先するように」とおっしゃったのだという。

さらに「国民一人ひとりが、被災した各地域の上にこれからも長く心を寄せ、被災者と共にそれぞれの地域の復興の道のりを見守り続けていくことを心より願っています」と結ばれた言葉を、自ら実践されるかのように、その後は被災各地を訪問されている。

戦後の皇室の歴史を知る者は、テレビで流れた天皇陛下のメッセージの中で、天皇がご自身の発意と意思で「自衛隊」を名指しで、しかも普通の**公式発表の順序では通常「警察、消防、海上保安庁、自衛隊**」と後回しになるところを真っ先に自衛隊にご嘉賞《かしょう》のお言葉をかけられたことに驚かされ、感動した。

それは、政府は天皇の統帥権問題にしないよう、天皇と自衛隊を隔離してきたからである。天皇が全国民向けの「玉音放送」で自衛隊に言及されたのはエポック・メイキングな展開であった。

被災地からの避難施設となった東京都足立区の東京武道館を皮切りに、八月までに九回、七都県二一カ所の被災地や避難施設を訪問して、被災者を直接励まされている。

天皇が皇后とともに、避難所で膝《ひざ》をついて語りかける姿に、被災者たちは大きく勇気づけられたし、多くの国民が心を打たれたのである。

両陛下とも高齢で、体調も万全ではない。それをお二人で支え合いながら訪問されたのだから、自らの健康、生命を厭《いと》わない犠牲的な行動に誰もが感動した。日ごろ天皇の存在を意識していなかった人にも、これは決定的だった。

二〇一二年三月十一日、東日本大震災一周年追悼式においては、「消防団員」にご嘉賞のお言葉を述べられた。前年十一月に行われた二二六柱の東日本大震災消防殉職者等全国慰霊祭に皇后とともにご出席され、消防関係者の活動について消防庁からの報告を聞かれてのご嘉賞だったと思われる。

二十一世紀、平成の時代にあってなお**天皇制は、ここぞという場面では国民の心のよりどころ**となっていることに、国民はあらためて気がついた。

国家危機管理の機関でもある天皇制の護持は、日本民族生存のために不可欠の国体なのである。将来日本民族が、明治維新や終戦のときのような大きな危難、国難に直面したとき、誰がリーダーシップを発揮するのか。天皇を戴く以外にない。

いわば**私流の天皇機関説**（もちろん美濃部達吉らの主張した国家法人説に基づく天皇機関説とは違う）だが、批判はあると思う。「敬愛される天皇を危機管理の機関とは何事だ」と怒る人もいるだろう。しかし、実際に天皇は歴史的にそういう役割を果たしているのである。

『文藝春秋』（二〇一二年一月号）によると、秋篠宮文仁《あきしののみやふみひと》親王は、両陛下の結婚五〇周年に際して、以下のように語っていらっしゃったという。

「その時代、その時その時の今を生きている人々にとって、皇室というものがどういう存在であるのかということをずっと考えてこられたのではないかなと思います」

即位二〇周年を迎えた陛下については、
「象徴とはどういうふうにあるのが望ましいかということをずっと考えてこられた二〇年だったのではないかと思います」
と発言されている。

二〇〇〇年以上、受け継がれてきた天皇制という日本民族の知恵を護《まも》り、守り立てて引き継いでいくことは、現代の私たちが次代の日本人のために果たさなければならない義務なのである。

■皇室典範を改正し、旧宮家男系相続人との養子縁組を認めよ

今、男系男子のお世継ぎは悠仁《ひさひと》親王お一人しかいない。まさに日本の国体の根幹が揺らいでいるのである。第百二十七代で皇統は絶えるかもしれない。だからこそ「**天皇制の護持**」を明言しなくてはならない。

私は昨今の皇位継承問題は、連合国軍最高司令官**ダグラス・マッカーサーの仕掛けた「百年殺しの秘術**」だと思っている。

マッカーサーは戦後の混乱を避け占領政策を進めるため、当面は天皇制を残して統治を容易にし、将来は消滅するように時限爆弾を仕掛けたのだ。まさに空手の百年殺しのようだ。

GHQ（連合国軍最高司令官総司令部）の押しつけた日本国憲法と同時に施行された皇室典範に従えば、男性皇族が減少していくのは自明である。つまり一夫一婦制の下では代を重ねる

ごとに「男性のいない確率」は高まる。

だが、先に述べたように**天皇制は日本民族の危機管理機関**である。なんとしても残さなくてはならない。

一夫一婦制は文明国として揺るがせにできないところだから、現在の皇室典範第九条「天皇及び皇族は、養子をすることができない」という規定を改正し、**絶家必至の各宮家と、旧宮家男系相続人との養子縁組を認める**ことによって、男性皇族の減少を回避することも必要だと私は考える。

とくに秩父《ちちぶ》・高松・三笠《みかさ》・高円《たかまど》の四宮家については、六月六日、三笠宮寬仁《ともひと》親王殿下がご逝去された今日、臣籍降下した他の宮家、つまり明治天皇の血統につながる宮家の独身男性を皇室会議で精査して四宮家を相続させるという平沼赳夫《たけお》氏案を、私は支持する。

さらに女性宮家についても議論されている。これには女系を認めるか否かという大きな論点があるので、軽々に結論は出せないが、皇室典範を改正する際に皇族の「配偶者」という表現で、その資格、あえていうと「**欠格事由**」**を規定**しておくことが必要だ。

自由恋愛の昨今である。皇族の女性が、外国人とか天皇制廃止論者とかいった男性と結婚したいと言い出す可能性に備えておかなくてはならない。

私がすぐに思い出したのは、英国エリザベス女王の妹君、マーガレット王女の結婚である。年配の方はご存じかと思うが、侍従武官タウンゼント大佐と恋仲になって世を騒がせたマーガレット王女は、一九六〇年、王室の写真家だったアントニー・アームストロング＝ジョーンズ氏と結婚する。ジョーンズ氏はスノードン伯爵となったわけだが、数々のスキャンダルののち、結局は離婚している。

当時、在米中だった私はアメリカのヴォードヴィリアン、ボブ・ホープによる寄席《よせ》みたいなディナーショーを観たことがある。

ボブ・ホープのギャグに満場笑い崩れた。それは私にわからない早口のジョークで、私は一緒に笑いたいと思い、膝をたたいて笑い転げているアメリカの友人に、「何だ、何がおかしい？」と聞いた。

すると「ボブ・ホープは『マーガレットがテクニカラーの子供を生んだそうだ。彼女はブルー・ブラッド、彼はイエローページだから』と言ったんだ」と言う。

これでもわからない。

「どういう意味？」

と問うと、「ブルー・ブラッドは高貴な血統という意味だと知っているね。夫のスノードン伯爵は職業別電話帳のイエローページに載っているからというジョークだ。スノードンは写真屋だからね」。

私はやっとわかって、後ればせながら少し笑ったものだった。

マーガレット妃については、恋多き王女ではあった。日本の皇族に限ってこういうことはないと信じているが、もし女性天皇を認める方針をとるとすれば、日本国民が納得する配偶者の資格要件、欠格事由をあらかじめ定めておく必要がある。

さらに皇室典範について述べれば、天皇を嗣《つ》ぐ資格については、「精神若《も》しくは身体の不治の重患があり、又は重大な事故があるとき」は継承の順位を変えることができ、また天皇に、こうした事態が発生して執務できない場合は**摂政を置く**と書いてある。ところが皇后については一言半句も書かれていない。将来に備えて、この点にも触れて皇室典範に男性も女性も配偶者の欠格条項、たとえば「外国人」「重患」「前科のある者」などと規定しておくべきだと思う。

血統の差別をするものでは毛頭ないが、天皇家は日本民族の宝だから万全を期さなくてはならないと思う。

■「摂政宮」を置くべし

二〇一二年二月、七八歳にして心臓手術を受けられた今上天皇は、老軀《ろうく》病体を押して懸命に公務を務められている。

公務とは、憲法に定められた国事行為、すなわち①「**内閣総理大臣の任命**」②「**最高裁判所長官の任命**」③「**憲法改正、法律、政令及び条約の公布**」④「**国会の召集**」⑤「**衆議院の解散**」⑥「**総選挙の施行の公示**」⑦「**国務大臣及び法律の定めるその他の官吏（認証官）の任免並びに全権委任状及び、大使、公使の信任状の認証**」⑧「**大赦、特赦、減刑、刑の執行の免除及び復権の認証**」⑨「**栄典の授与**」⑩「**批准書及びその他の外交文書の認証**」⑪「**外国の大使、公使の接受**」⑫「**儀式**」、だが、具体的に何をされているのかはほとんど知られていない。

これら国事行為事項（③〜⑫）については閣議決定した書類が届けられると、陛下は一件ずつていねいにご覧になった上で、お人柄のままに誠実無比な墨跡で署名され、押印されるのである。二年前から公務は軽減されているというが、宮内庁によると、二〇一一年は約一〇〇〇件あったという。

春秋二度の叙勲授与も大変な作業である。大綬章以上は親授で御名《ぎょめい》・御璽《ぎょじ》も天皇自らが筆をとって墨で「明仁」と署名されるのだ。それを一枚一枚墨が自然乾燥するまで棚に置いておくのだという。御璽の押印は専門官がいて一枚一枚押す。御名は手書きでないといけないから、天皇の負担はすごく大きいのだ。

任命に際しては儀式に臨まれ、お言葉をかけられる。内閣総理大臣や最高裁判所長官の任命は、いつもあることではないが、認証官の任命は大変だ。

というのも国務大臣、副大臣、内閣官房副長官、人事官、検査官、公正取引委員会委員長、宮内庁長官、侍従長、特命全権大使、特命全権公使、最高裁判所判事、高等裁判所長官、検事総長、次長検事、検事長がすべて認証官なのである。国務大臣の首のすげ替えや副大臣の乱造のたびに、陛下はていねいに署名されることになる。二〇一一年は一九件一〇三人に対して、認証官任命式が行われている。

このほか、離任・着任した五八人の各国大使にそのつど引見され、各界で功績を挙げた人などの拝謁、茶会、午餐、晩餐など両陛下主催の行事が約二〇〇回、地方での行事出席や学術・公益団体等の式典へのご出席も頻繁に行われている。土曜、日曜もない多忙な日常を送られているのである。その上で、東日本大震災の被災地や避難所の訪問までされたのだ。

以前、肺炎で入院されたときは、病室にパソコンを持ち込んで、皇太子が名代を務めた「お言葉」を作成されたという陛下である。二〇一二年も心臓バイパス手術の後、二カ月も待たず四月十日、公務に復帰され、英国エリザベス女王即位六〇周年記念行事には、美智子皇后とともに訪英された。

公務に懸命な陛下と、献身的にお心配りをされている美智子皇后のご様子を拝見していると、私はいたたまれない思いがする。

昭和天皇の大喪の礼において警備を担当した私としては、生涯に二度も大喪の礼を見たくない。両陛下には十分に休養されて、いつまでもお元気でいていただきたいと心から願う。

それには**摂政の設置が急務**である。摂政とは、天皇に代わり国事行為を行う者であり、その順位は皇室典範第十七条により、**①皇太子または皇太孫　②親王および王　③皇后　④皇太后　⑤太皇太后　⑥内親王および女王**、と定められている。

とはいえ皇太子は、今、雅子妃のご病気のことで頭が一杯のようである。大震災のあと、高齢で病気にも苦しまれている両陛下が、何度も被災地をお見舞いに行かれているのに、皇太子、雅子妃のお見舞いの回数は少なかった。まず、国母陛下になられるには雅子妃に本格的に療養していただき、皇太子もそちらの看病に専念されるのがよいと思う。

摂政を弟君の秋篠宮文仁親王にお任せし、雅子妃が回復されてから、再び公務に戻られるのがよいのではないだろうか。

ただ、皇室典範第十八条で「摂政又は摂政となる順位にあたる者に、精神若しくは身体の重患があり、又は重大な事故があるときは、皇室会議の議により、前条に定める順序に従つて、摂政又は摂政となる順序を変えることができる」とあり、秋篠宮が摂政に就く条件にはあたらない。この点を皇室典範は配偶者を含めて改正すべきなのだ。

天皇家で唯一の男系男子の孫が秋篠宮家の悠仁《ひさひと》親王である。将来の皇位継承が確実なのだから悠仁親王には、早いうちから帝王学をお教えしなくてはならない。

秋篠宮文仁親王を「摂政宮《せっしょうのみや》」とし、紀子《きこ》妃を「摂政宮妃」として、悠仁親王には当代最高の傅役《かしずきやく》をつけ、男系による将来の天皇を傅育《ふいく》する必要があると考えている。そのためには山岡鉄舟、小泉信三探しも急務である。国母陛下候補には、女性・山岡鉄舟の女傑傅役も必要だろう。皇室会議のほかに**「賢人会議」（男女双方）の設置**が望まれる。候補者は曽野綾子、緒方貞子、塩野七生《ななみ》、櫻井《さくらい》よしこ、扇千景、大宅映子《おおやえいこ》、松田妙子各氏ら多士済々である。むしろ男性傅役候補の方が山岡鉄舟のような人がいないので選ぶのが難しい。

■近衛兵は要らない。皇宮警察が「北面の武士」

龍馬は「船中八策」の、第一策「大政奉還」「天皇親政」、第七策「御親兵ヲ置キ、帝都ヲ守衛セシムベキ事」と、二つの策で皇室と天皇のことに触れている。

「御親兵」とは「近衛師団」のことだ。この時点、一八六七（慶応三）年においては「近衛兵」制の導入は焦眉《しょうび》の急を要する危機管理策だったろう。

天皇家と御所の守備責任は、もともと幕府の京都所司代の任務だったが、尊皇攘夷《じょうい》の志士と自称する不逞《ふてい》浪人が京都に蝟集《いしゅう》し、軍資金調達を名目に商家に強盗を働き、奉行所の目明かしや公卿の青侍に天誅《てんちゅう》を加えたりする無警察状態に陥った。そこで幕府は、御所と京都の警備を会津藩に命じ、藩主松平容保《かたもり》は近藤勇、土方歳三《ひじかたとしぞう》ら**「新撰組」(結成当初は浪士組)という特別警察**を編成し、京都の治安維持を切り捨て御免の荒療治で担当させたのである。

幕府は西国の雄藩、長州や薩摩にも御所警備を命じていたが、一八六三(文久三)年の「八月一八日の政変」で、三条実美《さねとみ》、四条隆謌《たかうた》のような荒公卿が天皇の大和《やまと》行幸実施に失敗して長州に亡命(いわゆる「七卿落《しちきょう》ち」)したり、「蛤御門《はまぐりごもん》の変」のような内戦が起きるなど、天皇家の守護どころか身辺のご安泰そのものが脅かされる事態に立ち至った。

そもそも、天皇は平和なときには「権威」であり、神道の祭主である。だから「権力」である外国の国王と違って、クーデターや暗殺などの対象にならない。

少数の北面の武士や篝火《かがりび》をたく衛士《えじ》たちに守られて平和な日々だった。

ところが幕末の大動乱が起き、天皇を「権威」でなく「権力」としてまつりごとを行わせようとすると、新撰組と尊皇攘夷の浪士たちとのチャンバラが始まるのだ。

坂本龍馬本人が新撰組に命を狙われていた。そこで「帝都」すなわち「京都」の治安維持にあたり、天皇家を警衛する「近衛兵」の必要を龍馬は痛感し、山内容堂に献策したのだった。

現代、天皇は再び、「国の象徴」と位置づけられた。「権威」に立ち戻り、「権力」から遠ざかったのだから、「御親兵」を置く必要はない。その護衛は皇宮警察で十分であり、「帝都ノ守衛」は警視庁と陸上自衛隊第一師団で十分である。

二十世紀末に燃えさかった反皇室闘争のテロリズムも、警察機動隊が守りきり「近衛兵」の出動の場はなかった。**龍馬の第七策の献言は、今のままで十分**であろう。

第四策――憲法論

第九条のくびきを打ち破り、自衛隊を国軍にすべし。国民の命運に関わる重要案件について、国民投票を可能にせよ

「古来ノ律令ヲ折衷シ、新ニ無窮ノ大典ヲ撰定スベキ事」（坂本龍馬の「船中八策」の五）

龍馬はこの第五策で、憲法制定の必要性を説いている。「救国の八策」でこの献策をする場合は当然、「憲法改正」だが、本項では「マッカーサー法体系」とし、憲法だけでなく広く解釈して、内閣法など一連の日本弱体化のための法令や政策、タブー思想改造など広義にとらえて論じたい。

今や国民の六割もその必要を感じている。「救国の八策」では憲法改正が大きな課題である。さらに改正までの間、内閣法、国民投票法、皇室典範など憲法より下位の法律改正が必要になる。

■**憲法は「廃止」か「改正」か**

「大阪維新の会」を率いる橋下徹大阪市長はその試案「維新八策」の中で「**憲法第九十六条**」

の改正というユニークな提案をしている。

これまで多くの憲法改正論議がされてきたが「第九十六条改正」という意見は、私の知る限り聞いたことがない斬新な意見である。

橋下市長は、私の「維新八策に『治安・外交・危機管理』という国家安全保障の視点を加えるべし」との助言に応えて、「八策」の一部を修正し、「九条について決着をつけない限り、国家安全保障についての政策議論をしても何も決まらない。二年間の徹底した国民的議論を経て国民投票にかけ、結果が出ればその方向で進む」という記者会見を行った。

これは「大阪維新の会」の一歩前進だと思う。**「第九十六条改正」をステップにして、「第九条を改正してみせよう」**というのである。

憲法第九十六条とは、日本国憲法の改正手続きについての規定である。その内容には「この憲法の改正は、各議院の総議員の三分の二以上の賛成で、国会が、これを発議し、国民に提案してその承認を経なければならない。この承認には、特別の国民投票又は国会の定める選挙の際行はれる投票において、その過半数の賛成を必要とする」とある。

制定者ダグラス・マッカーサー元帥の「**憲法改正禁止**」**ともいえる条文**で、見通しうる限り、衆参両院で、それぞれ憲法改正賛成に三分の二の支持を得ることはほとんど不可能と考えられる（一度だけ安倍晋三内閣のときに両院三分の二を自民党が支配するという機会はあったが）。この手法で憲法改正を試みることは、識者があきらめていた問題の条文である。

だから保守第三極の一極と見られている石原慎太郎東京都知事は「占領下で制定した憲法を、

独立後も一字一句も修正せずに六十余年も過ごしている国は世界中どこにもない。マッカーサー憲法は『改正』すべきものに非《あら》ず。『廃止』して新憲法を制定すべし」と主張しているのだ。

「第九条改正だ、第九十六条の改正手続きを過半数の多数決にすべきだという議論は迂遠《うえん》で、マッカーサー憲法は『廃止』でよい」という石原都知事の意見も、憲法論議を俯瞰《ふかん》する戦略論としてこれまた耳を傾けるに値する。

石原案が実現すれば理想的だが、廃止や停止の手続きは定められていないから、ハードルはかなり高い。意表を突くアイデアが出てくるかもしれないけれども、どこから手をつけることになるのか現状では想定されていない。大方針、大戦略とすべきものだ。

一方、橋下案の憲法第九十六条改正とは、衆参両院のそれぞれ「三分の二」の賛成という現行規定を「過半数」に改めようとするものだ。それによって、戦後最大の課題である「憲法第九条」を国会決議で改正して、国防を国の最重要の使命にしようという方針は、前例のない斬新な着想であるとともに、戦術的に評価される。

二分の一以上の賛成で、国会が憲法改正を発議できるとなると、不可能だと思われてきた憲法第九条改正も、意外に早く実現する可能性がある。

■交戦権――ライト・オブ・ベリジェレンシー――とは

日本国憲法の原文は英語である。現行の日本国憲法は、英文でつくられて日本語に翻訳されたものだ。

憲法第九条第二項に「**交戦権は、これを認めない**」とある。

読者にはぜひ一度原文を見てもらいたいのだが、「交戦権」にあたる文言には「ザ・ライト・オブ・ベリジェレンシー＝The right of belligerency」と書かれている。「belligerency」は交戦という意味であって、「**自衛ならいい**」**といった都合のいい意味はない**。自衛権もダメなのだ。

これは元防衛庁長官の谷川和穂《かずお》氏が多年にわたって力説してきたところである。

この出典をたどれば、一八九九年に始まった米比戦争で、アメリカがフィリピンを属国にしたときの憲法にたどり着く。

米比戦争は、二〇〇〇万ドルでフィリピンをスペインから買い取ったアメリカと、独立を求めるフィリピンの間で起きた戦争だ。結果、フィリピンは軍事と外交をアメリカに奪われた半国家になるのだが、このとき軍政官として赴任し統治の基盤を築いたのが、アーサー・マッカーサー・ジュニア（ＧＨＱ最高司令官ダグラス・マッカーサーの父親）である。父マッカーサーは一九〇九年に引退するが、一九三五年に制定された**フィリピンの憲法に謳われたのが、**「**戦争放棄**」だった。それを息子マッカーサーは、日本国憲法の草案を作成する際に提示した原則（いわゆる「マッカーサー・ノート」）の中で「no right of belligerency」という語で表した。

親子二代でフィリピンと日本に押しつけた「戦いは一切いけない」という意味を持つ憲法なのである。自衛権もなく、アメリカがすべてやることになっている。それをのちに「**自衛権は**

固有の権利」などと言い出して、集団的自衛権はダメだけれども、個別的自衛権はあると無理やりに解釈したのである。

だが、どう考えてもこれは曲解だろう。

■あまりにも時代に合わなくなった現行憲法

日本国憲法は一九四六（昭和二十一）年十一月三日に公布、翌年五月三日に施行されて以来、今日まで一度も、一字一句も改正されていない。時代にまったく合わなくなっているのである。改正しなければならない条文は第九条だけではないのだ。

典型的なのは第八十九条だ。

「公金その他の公の財産は、宗教上の組織若しくは団体の使用、便益若しくは維持のため、又は公の支配に属しない慈善、教育若しくは博愛の事業に対し、これを支出し、又はその利用に供してはならない」というものだ。

前段は言うまでもなく神道の国教化を廃し、靖国神社公式参拝の禁止という占領行政そのものだが、わからないのは後段だ。

普通なら「**慈善**」「**博愛**」のつながり文句になるところを、なぜ二つに切って間に「**教育**」を入れたのか。

この一節があるため、私学にも赤十字にも一切、国費は拠出できないのである。

■違憲合法が次々と

その後私学からの猛烈な攻撃を受けて「私学助成法（私立学校振興助成法）」をつくり、今、私立学校へは「違憲合法」で三五〇〇億円の補助金を出している。「博愛」の日本赤十字社への補助金はこれまた「違憲合法」の「日本赤十字社法」で修正したが、「慈善」が取り残されてしまった。これがあるためにＮＰＯ、ＮＧＯなど慈善の行為に公費を出してもらおうとしても門前払いになる。

六〇年以上も前、ＮＰＯやＮＧＯは存在しなかったのだから、当たり前なのだが、「**不磨の大典**」にしてしまった弊害だ。

私は還暦から古希までの一〇年間、日本国際救援行動委員会（ＪＩＲＡＣ）の理事長として、世界各国の難民に救援物資を届けたり、学校を建てたりする活動を続けてきたのだが、国は憲法第八十九条の後段を楯《たて》にまったく協力しない。そのくせＯＤＡ（政府開発援助）では一年間に約五六〇〇億円も支出しているのである（二〇一二年度予算）。一九九七（平成九）年にはなんと一兆一六八七億円も支出されていたのだから驚きだ。しかも官僚主導で支出され、効果的かつ真っ当に使われているか、ろくに検証もされない。

外交官や一部日本企業が、現地でふんぞり返っているＯＤＡ予算の〇・一％でもＮＰＯやＮＧＯに回せば、日本の若者や有志が直接海外でボランティアをすることも盛んになるはずだ。それを妨げているのが、実は憲法第八十九条なのである。

■必要な自衛力を持つことを明言すべき

「違憲合法」という小手先の弥縫策《びほうさく》を積み重ねたがために、治安・外交・防衛も非常に難しくなっていることについては、多くを述べるまでもない。

ひとつ挙げるなら、憲法第九条第二項には「戦力は、これを保持しない」ともある。

だが日本にはF－15が二〇一機、イージス艦が六隻あって、ヘリ空母も四隻ほどに増える。六個高射群二四個中隊のうち、迎撃ミサイルのPAC－3は一〇個中隊にある。また、海軍として対空、対水上、対潜、三次元戦闘可能な四個護衛隊群三二隻のシステム艦、P－3C対潜哨戒機《しょうかいき》八四機まで持っている国はない。

これを戦力ではない、軍隊ではないと言っていること自体が不自然だから「**国軍**」とすべきだろう。必要なある程度の自衛力を持つことを明言すべきである。

「救国の八策」第二策でも述べたように、安保条約の改定に向けた集団的自衛権の行使にも矛盾がなくなる。曲解としか言いようのないアクロバティックな解釈に頼らなくてもよくなる。

あらゆるところに「**違憲合法**」**という、日本人独特の言葉の綾《あや》でごまかす弥縫策**できたツケがまわっているわけだが、こうしたことを一気に解消しようというのが、「憲法を廃止せよ」という石原案だ。

橋下案では個別の条文を改正していくことになるが、現行憲法は本来、まったく交戦権を認めておらず、そこにはマッカーサー親子二代がフィリピンと日本とに押しつけた「belligerency」の否定があることを、ぜひ知っておいてもらいたいと思う。フィリピンはその後独立を果たし、民主化も成しえて新憲法を制定したが、日本はまだ**占領法規**であるマッカ**ーサー法体系に呪縛《じゅばく》**されている。

■ギリシャの「貝殻投票」、リコール制を国政に

私は「実現可能性（フィージビリティ＝feasibility）」を重視する現実主義者の立場をとる官僚ＯＢであるので「橋下提言」を検討し、私の「救国の八策」に位置づけるとすればどうなるか、所見を述べてみよう。

二〇〇七（平成十九）年五月、憲法改正の手続きとして不可欠な**国民投票法が成立**した。当時の安倍晋三総理が、この法律を高い優先順位で可決したその先見性は、高く評価される。これは憲法第九十六条の後半で、国民への提案とその承認が必要とされているにもかかわらず、具体的な手続きの規定がなかったため、改正を実現するための国民投票に関して定めた法律である。

しかし成立当時の政治的環境から、同法は「憲法改正のためのみ」を目的とした法律として国会の同意を得て可決されたものだったが、そのことが今となっては手枷足枷《てかせあしかせ》となっている。

私の「救国の八策」のひとつとしては、この手枷足枷をはずし、国民の命運に関わる重要案件について、国民投票を可能にする改正を提案したい。

喫緊の重要案件としては、①**総理リコールの「貝殻投票制」**　②**天皇制の皇統問題**　③**原発全廃の可否**　④**日米一〇〇年同盟の賛否**　⑤**消費税増税**、などが挙げられる。

まず第一に提案したいのは、国民投票によって、総理をクビにできるようにすることだ。民主主義発祥のギリシャ民主制にあり、現代でも地方自治体首長選挙に残されているリコール制、すなわち「**陶片追放（または貝殻追放、オストラシズム＝ostracism）**」である。

間接民主制の日本では、主権者である国民は、直接総理を選ぶことはできない。しかし二〇〇九年に民主党が政権をとって以来、衆議院で最大与党ゆえに、党内選挙で選ばれる民主党代表イコール総理になった。

民主党が政権をとることが濃厚となった二〇〇九年五月以来、私は四回の民主党代表選挙を、不安と違和感を抱きながら見守ってきた。

しかし日本の内閣総理大臣として資格要件に著しく欠ける鳩山由紀夫氏、菅直人氏が相次いで選出され、総理の座に就いたのである。

四回めとなる昨年の代表選では、松下政経塾代表として密かに期待した野田佳彦氏が選出されたが、総理就任後の記者会見、国会答弁などにはまったく失望した。

自らを「どじょう」とは何事か。

あるテレビ番組がすぐスタジオに水槽を持ち込んで金魚を入れ、どじょうも入れて反応を生放送した。ところがどじょうはすぐ隅に逃げ、底にたまった泥の中に隠れた。

その後の決定を先送りする野田総理を象徴するような不愉快な実験だった。

第一に、国家の最高指導者でありながら、世界観、国家観、治安、外交、国家危機管理という明確な意識が乏しく、志が低い。問題先送りの不決断、優先順位のつけ方の誤りなど、「ノーブレス・オブリージュ（高い地位に伴う重い義務）」が欠如している。

とくに前の二代の総理、大失敗をした鳩山由紀夫氏を外交担当の最高顧問に、東日本大震災の危機管理で無能を露呈した菅直人氏をエネルギー政策担当の最高顧問に就け、また、まったく無能力な田中直紀氏をこの重大な時期に防衛大臣に任命し、「最善最強の布陣」と公言する野田総理には、残念ながら日本の安全を委ねるわけにはいかない。

本書で何度も触れてきたことだが、国家安全保障政策を持たない民主党には、一億三〇〇〇万人の国民の運命は委ねられない。


国民投票法改正で「愚首相拒否権」を国民に与えるべきであろう。

■「国民主権」の正当な防衛権

民主制の元祖、古代ギリシャ・アテネの「陶片追放」は、簒奪《さんだつ》によって君主の座に就いた「僭王《せんおう》（タイラント）」の出現を防ぐためのものであった。紀元前五〇八年頃、アテネのクレイステネスが、僭王ヒッピアスを追放したあとに制定したといわれる。

現代でも**アイルランド、スウェーデンなど七カ国で援用され、日本でも地方自治体の首長追放のリコールとして存在**している。これを総理にも援用するという発想だ。民主党代表という、僭王を追い出すには、もっともふさわしい。

二〇一〇年九月、菅直人氏と小沢一郎氏が立候補した代表選挙で投票権を持っていたのは、党に所属する国会議員・地方議会議員、一般党員、サポーターら約三四万五〇〇〇人で、主権者である日本国の有権者総数一億四〇二万九一三五人（二〇一一年七月現在）に対して〇・三%、二〇〇九年衆議院選挙で投票した約六〇二五万人に対しては〇・五%にすぎない。**有権者の〇・五%の民主党直接選挙で総理を選んでいいのか？**

そんな絶対少数によって、直接選挙まがいのことが行われたのだ。しかも二〇〇〇〜六〇〇〇円を支払ってサポーターや党員となった外国人（主として在日韓国人）の投票を許しており、憲法第十五条違反の疑いのある選挙である（さすがにこれは批判を浴びて、二〇一二年からは日本国籍を有する者に限定されることとなった）。

「首班指名は衆参両院で」「政党選挙で公職選挙ではないから外国人も参加できる」とする小沢一郎氏の発言は、憲法の定める間接民主制を揺るがす、許すべからざる暴言である。「政治とカネ」疑惑の小沢氏は、刑事被告人になった人物で、一審で無罪判決を得たが、やはりダーティーな政治家である。

その小沢氏に対して「私の一存で小沢氏を民主党に入れたから、応援するのが『大義』である」とか「私を首相にまで導いてくれた『恩返し』だ」と言って、それまでの菅支持から翻った鳩山由紀夫氏は議員バッジをはずすべきだ。

「大義」とか「恩返し」というよい日本語を、そんなところで使うべからず。鳩山氏はヤクザの一宿一飯の義理のような発言を慎むべし。

投票前の『読売新聞』の世論調査では「小沢氏の説明は納得できない」が八五%、小沢候補支持はわずか一八%。菅候補支持は六六%だったが、これは積極的に支持・選択したのではなく「より少ない悪」としてやむなく支持したのだろう。この種の「その任にふさわしくない人物」を排除する仕組みが必要だ。龍馬の「船中八策」の第三「……宜シク従来有名無実ノ官ヲ除クベキ事」である。

政界引退を表明したはずの鳩山由紀夫氏が「友紀夫」と改名し、「友愛」外交として政府の反対を押しきってイランを訪問するし、「トロイカ体制プラスワン」のプラスワンと称する日教組のボス・輿石東《こしいしあずま》幹事長がいったい何の資格でキングメーカーの会談の立会人なのか。「トロイカ体制（小沢一郎・鳩山由紀夫・菅直人）」などという、今は存在しない幻影に浸って何をしようというのか。

ここで挙げたような欠陥があることが明らかになった今日、「僭王」の出現を拒絶する、いわば**「国民主権」の正当な防衛権としての拒否権（veto）**を与えられるべきだろう。それが「陶片追放」なのである。

かつて現役だったころ、私は〝内閣危機管理監（当時の名称は内閣安全保障室長）〟として、中曽根康弘氏、竹下登氏、宇野宗佑《そうすけ》氏の三代の総理に仕えたが、宇野氏は最低の支持率の一人だった。女性問題で不信任、支持率はわずか八％。

私は「九二％が支持していない総理でいいのか。リコールはできないのか」と総理補佐官の任務に疑いを持ち、スキャンダル騒動が起きると「総理を守れないで何が危機管理だ」と不信を表明した宇野総理に対し、「私の任務は総理の女性問題解決ではない」と、辞表を提出して天下の大浪人となった。それは総理の資質を欠く宇野宗佑氏への抵抗の意思表示であり、私なりに拒否権を行使したのだ。そのとき内閣五室長全員が辞表を提出し、「連袂辞職《れんぺいじしょく》」となったことは、意外に知られていない。警察はとくに広瀬権《ひろせはかる》総理秘書官も辞表を出し、大高時男氏(内調室長)、高田朗雄氏(広報室長)に私と、四名が一斉に交代を命ぜられたのだった。

とはいえ、この**陶片追放は両刃《もろは》の剣**だ。

ペルシア戦争の救国の英雄・テミストクレスが、「嫉妬《しっと》」に駆られたライバルたちの策略にのせられたアテネ市民によって追い出されたように、国家一〇〇年の大計から市民に厳しいことを言う為政者を追放し、政治家はポピュリストばかりになって衆愚政治に陥るおそれがある。だからその運用については、たとえば刑事被告人は候補者にしないなどの資格制限をするなど、乱用を慎まねばならない。

■元老院の設置

憲法の改廃を考えれば、現在の二院制に拘泥する必要もなくなるのだが、龍馬が第二策で掲げた

「上下議政局ヲ設ケ、議員ヲ置キテ万機ヲ参賛セシメ、万機宜シク公議ニ決スベキ事」

という精神に立ち返って、最善の形態を模索するべきであろう。

明治政府ではアメリカ式の「上院・下院」の名称はとらず、立憲君主制の英国の感覚を採用して、皇族・華族らの代表を「貴族院」、国民の代表を「衆議院」とした。この両議会のほか、

天皇の諮問機関である「枢密院」が置かれていた。

戦後、華族制を廃止したことから、「貴族院」も廃止し、各界の長老、権威を集めた「良識の府」として、六年任期、三年ごとに半数交代の「参議院」としたことはご承知のとおりである。

しかしやがて歳月を重ねるにつれ、参議院が当初目指した枢密院的性格が薄れ、官僚ＯＢ、労働組合幹部、スポーツ界、芸能界など職域・地域代表の集まりに変質し、**「良識の府」ではなくなってきた**。とくに近年、いわゆる「ねじれ現象」が生じてからは、政党の政争の具に供せられ、国益、国家目的、国民の保護などそっちのけで、二院制の意味が失われるに至った。

衆議院で過半数を占めても、参議院選挙が一～二年後に行われて負けると、何もできなくなってしまう。当然、参議院の廃止論が高まり、とくに橋下大阪市長率いる「大阪維新の会」が台頭し、国政改革の大きな焦点となった。

私は警察・防衛・内閣を通じて、国務大臣に代わって国会答弁を行う「政府委員」を一四年間、二八国会連続して務め、答弁回数は衆参両院で一〇〇〇回を超えた。最多出席政府委員にノミネートされること二回（何の褒美もないが）、予算委員会をはじめ、内閣、外交、安全保障、警察消防各委員会の常連政府委員だった。

その経験から、私は参議院というものの存在の無意味さを骨の髄まで知らされた。ゆえに私は**参議院廃止論に賛成**である。

だが、衆議院だけの一院制ではやはり与党が暴走する危険がある。衆愚政治になることを防ぐ、なんらかのチェック・アンド・バランスのための権威ある議院が必要であることも認める。

そこで私は、参議院設立の出発点に立ち返って**「元老院」（仮称）の設置**を提案する。古代ローマに実在した制度だが、古代ローマでは貴族院だった元老院の腐敗がシーザーを台頭させ、独裁制、さらには帝政を招いた。

私の提案する**「元老院」は、「賢人会議」**でなければならない。

そしてその構成者は、ニーチェの説く「権力欲」とは異なる「権力への意志（ヴィレ・ツア・マハト）」の持ち主でなければいけない（『ツァラトゥストラはかく語りき』）。

また、**「ノーブレス・オブリージュ」が必須要件**である。

ただの長老ではダメで、それぞれ各界の第一人者、権威者、尊敬されている人物を揃える。

戦後、参議院を創設したとき「良識の府」を目指したことはすでに述べたが、第一回選挙で選出されてきた参議院議員たちは、「緑風会《りょくふうかい》」がその象徴であったように、本当に尊敬すべき賢人たち、権威者たちであった。

「元老院」の任務は、**党利党略を離れて国家一〇〇年の大計を立てる**ことだ。すなわち**「国家戦略賢人会議」の機能**を付与する。

議院定数は一〇〇人で十分だ。任期は、現行の六年は長すぎるので四年とする。

今、民主党がおこがましくも「国家戦略室（当初は局を目指すといっていたが）」を設け、元老の概念とはおよそほど遠い、未熟で未経験で、観念的机上の議論ばかりで実行力のない若輩どもが国家戦略を担当している。

三年近く経った今日、まったく何の成果もないではないか。今日明日のことを掌《つかさど》る衆議院、そして現内閣では国家一〇〇年の大計を立てることはできない。「元老院」という発想を試行錯誤してはいかがか。

第五策――国防論

敵地攻撃能力なくして国民を守ることは不可能と認識せよ。一朝ことあらば「躊躇なく、敢然と立ち上がる」意志を示すべし

「外国ノ交際広ク公議ヲ採リ、新《あら》ニ至当ノ規約ヲ立ツベキ事」（坂本龍馬の「船中八策」の四）
「海軍宜シク拡張スベキ事」（同六）

弾道ミサイルの標的にされている今、「専守防衛」も冷戦時代からは変化するのが当然だ。敵の攻撃基地をたたくことが、専守防衛の範囲でなくては日本の国土、日本人の生命、財産、安全は守れない。

真っ当な思考のできる第三極内閣の出現に期待する。

■超一流の「海防力」を誇る自衛隊

第一策で述べた「**海防**」は日常的な「**警察活動**」である。

しかしそれだけでは、手に負えないケースを想定しておかなくては、国民や国土・領海を守ることはできない。兵装を強化しているといっても、巡視船は本格的な戦闘艦ではない。領海

侵犯の多発や、武装した海賊やテロリストの横行を未然に防ぐ意味でも、国防の意志と実力をはっきりと示すことが肝要である。

日本の自衛隊は、自国防衛のための国軍としては世界一流の実力を持つ。

とくに海上自衛隊は、ふだん国民が目にする機会がないので過小評価されがちだが、アメリカにこそ及ばないものの超一流の「海防力」を誇る。核戦力と敵地攻撃能力こそ持たないが、通常兵器による国防力は卓抜している。

二〇一二年四月十四日の北朝鮮のミサイル発射に対応して海上配備型迎撃ミサイル（ＳＭ―３）を搭載し、同時一〇目標対処能力を備えたイージス艦三隻が目標海域に展開したが、日本はこのイージス艦を六隻所有する。アメリカ海軍が八十数隻保有しているほかは、韓国、ノルウェー、オーストラリアなどが各一隻～数隻持つ程度だ。

最大一一機のヘリコプターが搭載可能ないわゆる「ヘリ空母」が二隻（「ひゅうが」「いせ」、いずれも旧日本海軍戦艦名――一万三九五〇トン）。対空・対艦・対潜三次元戦闘のできるミサイル護衛艦が四個護衛隊群、各八隻で三二隻（ヘリ搭載護衛艦五〇〇〇トン級四隻を含む）。アメリカ海軍と協力して、日本経済の生命線であるシーレーンを守る訓練を重ねた精鋭部隊である。

ハワイでの環太平洋合同演習（リムパック）では、日本の海上自衛隊が米軍の最高級の評価である「エクセレント」をもらっている。

新鋭の潜水艦を現在一六隻保有しているが、近く二〇隻以上（廃艦処分延期により二二隻）に増強されることが決定している。通常動力（ディーゼル式）だが、海上自衛隊の保有する潜水艦は、エンジン音、スクリュー音とも静粛で、無音潜航が可能なので対潜水艦戦ではきわめて有利である。

またＡＩＰ（Air-Independent Propulsion＝非大気依存推進）を備える「そうりゅう（ミッドウェイ海戦で沈んだ四空母のうちの一隻の名）」型が四隻配備され、同型艦の建造が進んでいる。

冷戦時代は仮想敵はソ連だったが、今は中国である。その中国海軍は原子力潜水艦二隻、通常動力型潜水艦六三隻保有と数は多い。二隻の原潜はたしかに侮れないが、旧ソ連製のディーゼル潜水艦は、無音化対策を施した「キロ級」一二隻以外は海中のエンジン音、スクリュー音ともにぎやかで捕捉《ほそく》は容易である。

しかも日本の海上自衛隊には対潜哨戒機Ｐ－３Ｃが実に八四機ある。訓練し抜かれた対潜哨戒機を八四機も持っている国は、世界でも海洋国日本だけだ。新型のＰ－１対潜哨戒機も二〇一五年までに一〇機の導入が決まっている。

この対潜哨戒機は、三二隻のミサイル護衛艦と連携して、旧ソ連の三〇〇隻を超える大潜水艦部隊を制圧するために、アメリカ海軍との任務分担で配備されたものだ。いまや中国と北朝鮮の潜水艦に対抗する、日米合同の強力な戦力になっている。

■「躊躇なく、敢然と立ち上がる」意志を示せ
第一級の装備は海上自衛隊だけではない。

「世界最強の戦闘機」と名高いＦ－15・イーグル制空戦闘機二〇一機の戦闘機隊は、アメリカのほかはイスラエルとサウジアラビアが少数保有するのみ。名実ともに世界第一級の戦闘機隊であり日本海、東シナ海の制空権を確保している。

また陸上自衛隊に配備された巡航六連装ミサイル「八八式地対艦誘導弾ＳＳＭ－１」は、国産の〝小型トマホーク（巡航ミサイル）〟とも言うべき優秀な兵器である。

航空自衛隊のＦ－１支援戦闘機が搭載する「八〇式空対艦誘導弾ＡＳＭ－１」をベースに防衛省技術研究本部が三菱重工業の協力を得て開発したものだ（これを海上自衛隊の護衛艦に搭載したのが「九〇式艦対艦誘導弾ＳＳＭ－１Ｂ」である。一九八二年のフォークランド紛争で有名になったフランス製のエグゾセをしのぐ性能を誇る）。

射程は百数十キロ、慣性誘導に加えアクティヴ・レーダー・ホーミングを備えており、海岸線から見えない山の背後から発射すると、山腹を迂回《うかい》し洋上に出て、海面五メートルの高度で敵艦に接近する。レーダーを機能させて目標を確認すると、急上昇し真上から落下する。

たとえば陸上自衛隊がこのミサイルを沖縄や石垣島に配備すれば、尖閣水域における中国水上艦艇の接近を抑止することが可能だ。

フォークランド紛争で、イギリス艦隊はアルゼンチン空軍の「エグゾセ誘導ミサイル」に苦戦したが、日本の誇る小型トマホークも、わが国の防衛に大きな貢献をしてくれる。

すなわち、実際に砲火、銃火を交えないために、そのプレゼンスを示すことが重要なのだ。中国にせよ北朝鮮にせよ、軍事関係者は日本の自衛隊の実力はよくわかっている。

重要なことは、領土・領海を脅かすものには「躊躇なく、敢然と立ち上がる」意志を示すことだ。「保有するだけで撃つことはない」「いかに装備が立派でも使えない」と見切られることで、かえって危機を招く。

日米の戦力が東シナ海で大規模な演習を行うことでプレゼンスを示し、尖閣諸島を守るという意志を明確に伝えよと、私は『彼らが日本を滅ぼす』で主張したのだが、いまだ実現していない。逆に中国海軍は二〇一一年七月に、東シナ海で実弾射撃を伴う演習を行っている。さらに二〇一二年五月に揚陸艦まで参加した五隻の艦隊が、沖縄周辺海域で演習を行い、日本の尖閣防衛を牽制した。

日本海、東シナ海の「制海権」「制空権」が日本にあるうちに、**尖閣諸島では実効支配を固めるべきだ。**

二〇一二年四月十六日、訪米中の石原慎太郎都知事が「尖閣諸島は東京都が守る」と宣言し、同島を埼玉県在住の地権者から都が購入すると発表して大きな話題になった。賛否両論が沸き上がったが、彼一流の発想力で、煮え切らない政府に活を入れたのだった。

猪瀬《いのせ》直樹副知事はこれを受けて「募金運動」を提唱し、私は四月二十三日付の『産経新聞』「正論」欄で、一坪地主運動を示唆した。

戦時中、軍国少年であった私は、政府が「日本防空のために『愛国号』という戦闘機製造に献金しよう」という運動を提唱したとき、わずかなお小遣いを献金した覚えがある。

そして上空を飛ぶ「紫電改」「ゼロ戦」（海軍）や「疾風《はやて》」「飛燕《ひえん》」（陸軍）を見上げては、「あの翼の一部はオレの献金だ」と密かにつぶやいていたものだった。

その後も、尖閣諸島は無人島のまま放置されている。一日も早く灯台、気象観測塔、監視塔を建て、埠頭《ふとう》やヘリポートを建設し、灯台守、気象観測職員など地方自治体の職員や海上保安庁職員の志願者を募り、職員常駐による実効支配をすべきだろう。

「自衛隊を駐屯させろ」という意見もあるが、実質的な国軍の常駐では、中国も引っ込みがつかなくなる。補給や人事も大変で一朝一夕にはことが運ばない。沖縄県や石垣市の職員などから志願者を求め、半年～一年の交替制で僻地《へきち》手当、危険手当などダブル・ペイの優遇と任務終了後の優遇を約しての単身赴任といった方策が現実的である。

そして石原都知事の言うように漁礁を造り、沖縄の漁業を振興し、海底資源を国家事業として開発し、レアメタルなどの回収が期待される海底熱水鉱床、メタンハイドレートなどの資源のボーリングを国費で行い、作業員も尖閣諸島に住まわせる。昔、缶詰工場のあった跡地に漁業資源や海洋資源による産業を興し、サトウキビと観光と米軍基地しかない沖縄に製造業の雇用を起こそうではないか。そこまで構想してこそ、**本当の「八策」のひとつ**だろう。

■海兵隊と揚陸強襲艦を備えよ

離島警備を効果的に行うために何が必要か、場合によっては奪還作戦が必要になるケースにどうするか、国政を預かるなら想定しておかなくてはならない。

祖国防衛の意志を示す、という意味からも、私が提案したいのは「**海兵隊（マリーン）の創設**である。海兵隊とは、水陸両用作戦（上陸戦）をはじめとして、緊急展開部隊として活躍する部隊である。二〇一〇年十二月に閣議決定された新防衛計画の大綱にいう「動的防衛力」の具現化である。

外国人が上陸し、これを実力で排除しなくてはならなくなった場合、基本的に海上保安庁は手を出せない。海保の職員は海岸線から五〇〇メートルまでしか、その職責が及ばず、また武器として口径九ミリのS＆W M39自動拳銃程度を所持しているだけなので、わが身を守ることもできない。

警察の機動隊には輸送力がない。兵員輸送用のヘリコプターを持つのは自衛隊しかないし、実力部隊として自衛隊の任務にするのが妥当である。

その場合、陸上自衛隊の習志野《ならしの》レンジャー部隊（落下傘部隊）が一時的には使えるとしても、恒常的に警備にあたるには目的が違う。

望ましいのは前述のごとく海兵隊なのだが、アメリカのように陸海空軍に加える第四の軍種として立てるだけの余裕は予算的にもない。とはいえ尖閣問題は喫緊の課題なので、**早急に一個大隊（約八〇〇名）でも水陸両用部隊をつくる必要**がある。

そのため目下、沖縄の陸上自衛隊第一五旅団（約二一〇〇名）を、八〇〇〇名規模の師団に編成替えし、二個大隊一六〇〇名ほどを水陸両用にしようという動きがある。

その際の装備品として、揚陸強襲艦が必要になる。これはヘリコプターやホバークラフト、上陸用舟艇を擁して、揚陸支援するとともに攻撃能力を持つ艦だ。

これも新たに予算を通して建造するとなると、早くても数年かかるから、それこそ泥棒が入ってから縄をなうことになりかねない。緊急性と財政難を考えれば、**アメリカからレンタル**することを提言したい。

というのも、アメリカでは一万トン級の揚陸強襲艦はすべて退役し、現在は四万トン級（「ペリリュー」級や佐世保を母港とする「エセックス」級）に置き換わっている。

アメリカでは、退役した艦艇を必要時に再使用するため、いわゆる「モスボール艦隊」として防水加工のうえ保管している。これをレンタルしてもらうのである。

四万トンともなると、約二〇〇〇名の海兵隊員、戦車五両、兵員輸送用装甲車二五両、ヘリコプター最大四二機ほか搭載、大規模な揚陸作戦が実施できるが、これは大きすぎる。日本が使うには、退役した一万トンクラスが最適で、一隻あれば十分こと足りる。

艦種としてはヘリコプター揚陸艦が正式名称で、太平洋の古戦場にちなんで命名されたものが多い。「イオージマ」がネイム・シップ。約一万一〇〇〇トン。「タラワ」「オキナワ」「ガダルカナル」と続く。全長一八〇メートル、幅二五・六メートル、最大速力二三・五ノット、乗員は六八五名で、最大二〇〇〇名の兵員を収容する。

完全自動の防空システム「ファランクスＣＩＷＳ」二基、シースパローミサイル四基、ホバークラフトやヘリなどを搭載するほか、水陸両用戦車も積める。中古でもいいではないか。

島嶼防衛・奪還作戦には、水陸両用戦車や装甲車、攻撃ヘリなど、現在は日本が持たない装備も必要になる。これも新たに調達するのでは間に合わない。中古を購入するか、レンタルで早急に手当てすることを考えなくてはならない。**アメリカには「武器貸与法」があるので、これを適用**することも可能だろう。日本の自衛隊も、発足当時は戦車も大砲もみな「武器貸与法」によるレンタルだった。

まだ奪われてもいないのに、陸海空三自衛隊合同の「尖閣諸島奪還作戦」が一部新聞に大々的に報じられた。奪取されてもいないのに「奪還作戦」もないものだ。

まず、**「奪取されない作戦」の立案こそ急務**である。

目の前の危機に対する素早い対応は、「中国の実効支配などさせない」という国土防衛の強い意思表示である。財政逼迫《ひっぱく》の折、安全保障上の大問題を一挙に解決する方法として、こうした武器のレンタル、あるいは中古品の購入を強く進言したい。

■原潜という究極の抑止力

繰り返しになるが、こうした装備をするのは、あくまでも砲火を交えないためだ。彼我の実力を冷静に判断すれば、**日本から領土を奪うことは容易ではない**、とても割に合わないと知らしめること——すなわち**抑止力**なのである。

中国が、航空母艦を保有しようと、ロシアから買った「ワリヤーグ」を改修していることに対して、日本も空母を持つべきだという意見も出ている。

しかし私はこれには反対だ。洋上基地である空母は、非常に大きな攻撃力、機動力を持つだけに敵からは真っ先に狙われる。よって空母を守るための護衛艦隊が必要になる。

東日本大震災のあと、被災地の支援活動「トモダチ作戦」に米海軍の空母「ロナルド・レーガン」などが参加したときは、一九隻の大艦隊でやってきた。このうち六隻がイージス艦である。災害救助にイージス艦は役に立たない。目的はハッキリしている。空母の護衛である。もし日本が空母を持つことになれば、第五護衛隊群一個護衛艦隊八隻をつくらなくてはいけなくなる。

これには旧日本海軍の苦い教訓がある。旧海軍は、ミッドウェイ海戦で敵航空戦力の猛攻によって、六隻いた空母のうち四隻を失ってしまう。そのため「大和」型戦艦三番艦を急遽《きゅうきょ》、航空母艦に変更して建造したのが「信濃《しなの》」だった。飛行甲板長二五六メートル、満載時排水量は七万一〇〇〇トンを超える、当時としては世界最大の空母である。

大型ドックを新設した横須賀海軍工廠《こうしょう》で建造、進水後、艦上型に改造した局地戦闘機「紫電改」など艦載機の離着艦実験を行ったのち、艤《ぎ》装《そう》のため呉海軍工廠に回送されたのだが、その途中でアメリカの潜水艦の魚雷攻撃を受け、潮岬《しおのみさき》沖で沈没してしまうのである。進水から、わずか五〇日余りのことだった。このとき護衛の駆逐艦は三隻だけであった。もはや十分な護衛艦隊をつけるだけの余力がなかったのである。

強力な護衛艦隊なくして空母は意味がない。それよりも、日本に必要なのはシーレーンを守ることであり、いざ紛争が起きたときには、**敵の潜水艦をたたく対潜水艦作戦が重要**になる。

シーレーン防衛の対敵潜用には今の日本の一八隻（近く二二隻に増強）の潜水艦隊はきわめて有能有効である。福島第一原発事故で国民の原子力に対する拒否反応が強くなり当分は見込みがないが、原潜の保有は必要である。

抑止力としてもっとも強力なのは、原子力潜水艦である。「空母に狙いをつけた原潜がどこかに潜んでいるかもしれない」となれば、敵空母の機動力は封印できる。

一カ月でも二カ月でも潜航可能な原潜は、「その海域にいる」という可能性だけで敵国は身動きできなくなるのである。

フォークランド紛争のとき、英国原潜コンクアラーがアルゼンチンの重巡洋艦ヘネラル・ベルグラーノを緒戦で撃沈し、アルゼンチン海軍の行動を阻止した。「イギリス海軍の原潜が展開しているかもしれない」というだけで、アルゼンチンは戦況を見直さざるを得なかったのだ。

原子力潜水艦二隻と、搭載兵器として巡航ミサイル「トマホーク」があれば、長期間海中に潜んで、弾道ミサイルを発射しようとする国があればその基地を攻撃することも可能になる。核弾頭である必要はない。通常弾頭でも非常に大きな抑止力になる。防衛という観点から、選択肢として考えるべきだろう。

■基本戦略はハリネズミ防衛論

戦後、日本の基本的な防衛戦略は「**専守防衛**」、いわゆる「**ハリネズミ防衛論**」であった。ハリネズミのように、敵に襲われても針で身を守るだけで歯向かわないことをよしとしてきたのだ。
最初に「ハリネズミ防衛論」を唱えたのは鈴木善幸《ぜんこう》総理（当時）だった。訪米時にそれをぶち上げたのはよかったが、通訳が大失敗して誤解を招き、アメリカで物笑いとなった。英語でハリネズミは「ヘッジホッグ」、ヤマアラシなら「ポーキュパイン」だが、その単語を知らなかった通訳が「マウス」と誤訳したため、こそこそ隅へと隠れるハツカネズミ、卑怯と受け取られてしまったのだった。

「ハリネズミ防衛論」に話を戻そう。これは、たとえ防衛上の必要があっても先制攻撃は行わない。相手の攻撃を受けて初めて、防衛力＝軍事力を行使することができ、侵攻してきた敵を日本の領域内で撃退するというものだ。軍事力の行使は必要最低限に抑え、敵の出撃基地を攻撃しないといった厳しい制限を課せられてきた。

たとえばこの四月、北朝鮮が人工衛星と称する弾道ミサイルの発射に備えて、航空自衛隊の迎撃ミサイル「ＰＡＣ－３（パトリオットⅢ型）」が沖縄県内に四カ所、首都圏で三カ所に配備された。

ＰＡＣ－３の難点は射程が短いことだ。東京の永田町、霞が関などの中枢を守るためには市谷、皇居前、明治公園など射界が開け、電波障害のない地点に前進配備しないといけない。射程は最大三〇キロメートルで必中射程は半径二〇キロ。一個中隊で四ランチャー一六発（フル装備の場合。今は四発）、首都防衛だけで四個中隊は必要だ。二〇〇九年のテポドンに備えたとき、浜松の部隊は実弾なしだった。

つまりPAC－3は弾道ミサイルが接近した最終段階、半径二〇キロメートルほどの範囲を防御する。航空自衛隊には、迎撃ミサイルの運用を行う部隊が六個群二四個中隊あるが、今、PAC－3が配備されているのはこのうち一〇個中隊であり、残りの「パトリオットII」部隊は航空機には対処できるが、ノドンには当たらない。

PAC－3を二〇個中隊くらいに持たせないと、全国を守ることはできない。今回、沖縄に集中したことで、東北地方などはガラ空きになった。

過去二回もテポドンに上空を越された東北にPAC－3の配備は今日に至るも、ない。なぜ、と問うと防衛省や国会議員は「大気圏外を飛ぶから、宇宙は『領空』ではないという。自衛隊法第八十四条の『領空侵犯』にならない。第一、PAC－3でも届かない」

屁理屈《へりくつ》もいい加減にしろと言いたい。これをまさに**敗北主義**という。

北朝鮮がノドンを二〇〇発も持ち、対日兵器として実戦配備しているとなると、PAC－3は現行の十個中隊では少なすぎる。射程半径が小さいのだから要地防衛のためには、防衛計画の大綱で定めた六個高射群二四個中隊という対空ミサイル部隊が必要なのだ。射程半径二〇キロで東京、大阪、名古屋、北九州、仙台、札幌などの主要都市だけでも守るとなれば、「ハリネズミ」になるためにあと何個群必要か、航空自衛隊は考えてみよ。そして予算請求せよ。

現実には、多数の弾道ミサイルに狙われうることを、想定しておかなくてはならない。

弾道ミサイルが発射されるとイージス艦がレーダーで追尾し、大気圏外に到達したところで海上配備型迎撃ミサイル「SM－3」によって撃ち落とす。この命中率は八〇%ほどだから、撃ち漏らした場合は「ＰＡＣ－３」で迎撃するのだ。

「専守防衛」という基本戦略に則《のっと》って、弾道ミサイルから日本を守ろうとしているわけだが、発射されるのを黙って見ていなくてはいけないというのはやはりおかしい。

「ＳＭ－３」「ＰＡＣ－３」で一〇〇％迎撃できるとは限らないことを、想定しておかなくてはならない。

最悪の事態に備えるのは危機管理の基本であり、絶対安全を看板に立てたがために、起こりうるケースに目をつぶったのが福島第一原発の事故原因になったことをよもや忘れてはならない。

敵国のミサイル基地を攻撃する能力を持つべきだという声は、北朝鮮がミサイル実験をするたび高まっている。

日本政府は「専守防衛」という国是の下、敵地攻撃は米軍に頼ることを防衛政策の基本にしてきたわけだが、ご存じのとおり、この枠組みは東西冷戦下のものである。

覇権国家としての中国の台頭や、不安定な朝鮮半島情勢を考えると、国民を守るため、**限定的な敵地攻撃能力は必要**になる。

敵の攻撃基地をたたくことによって、日本の国土、日本人の生命、財産、安全が脅かされる可能性は下げられる。これは専守防衛の範囲である。

現実的なのは、今、海上自衛隊の潜水艦が搭載している対艦ミサイル「ハープーン」を、巡航ミサイル「トマホーク」に換装することだ。

ハープーンは水上艦艇を攻撃するのには最適だが、敵基地の攻撃には向かない。大型の弾頭で命中精度の高いトマホークを潜水艦から発射することで、敵ミサイル基地を効果的にたたくことができる。

現在保有する潜水艦にはトマホークを搭載できないから、一六隻から二〇隻以上へと増強を進める際、搭載できるように改造しておくことだ。米海軍はトマホークを用途廃止にしようとしているので、中古品を買えば安く上がる。財政難の折、考慮すべきである。

■座シテ死ヲ待ツヨリ

一九五六（昭和三十一）年二月二十九日、衆議院内閣委員会で当時の船田中《ふなだなか》防衛庁長官は、「**座して死を待つより**」と、わが国への急迫不正の侵害に対し**ほかに手段がないと認められる限りでの敵地攻撃は自衛権の範囲内**であると答弁（鳩山一郎総理の代読）した。それは政府の公式見解として、今も生きている。

敵地攻撃能力の保有は、国土防衛のために国家としてなすべきことであり、かつ実現可能なことである。熟慮の名の下に何もしないとか、有事に備えることを嫌う声に過剰に反応して、先送りを重ねることは許されない。

今の野田民主党内閣にそれを期待することはあきらめた。第三極内閣の出現に期待すること切なるものがある。

「専守防衛」の定義を見直し、限定的な攻撃力を備えることに決定したとしても、先述したように武器を、即日配備できるわけではない。今日頼めば明日届くオフィス用品のようなわけにはいかない。

真っ当な思考のできる保守第三極が、不幸にして国会で十分な勢力にならなかった場合、政府の姿勢によっては議論ばかりが先行して、容易に決まらないという可能性もある。万が一、そうなった場合でも、すぐに始めるべき備えを忘れてはいけない。

それが**現有戦力での継戦能力の強化**である。

■弾薬は一・五回戦分のみ

これまで見てきたように、通常兵器による防御戦では世界一流の戦力を持つ日本の自衛隊だが、**「継戦能力（サスティナビリティ＝sustainability）」――抗堪性《こうたん》がないという重大な欠点**がある。

自衛隊の弾薬備蓄は一・五回戦分しかない。二回戦では火力は半減、三回目は弾薬がないので戦えないのだ。

そのため第一回戦で、全戦力を集中させて敵を殲滅《せんめつ》するしかない。日本海海戦においてバルチック艦隊を撃滅した東郷平八郎率いる日本海軍連合艦隊は夢のまた夢だが、既刊『彼らが日本を滅ぼす』で説いたように、今現在は日本海の制空・制海権は我にある。

核抑止力は米軍に頼るほかないが、本物の戦争の場合も、日米安全保障条約による米軍の本格的支援を待たなければ日本単独で自分を守ることはできない。**米軍来援に必要な日にちは**

「空八時間、海八週、陸八月」といわれる。中東優先だったアメリカの世界戦略が、アジア六割と改められたが、少なくも数日は独自対処しなければならない。しかし初動措置を誤らず、海空戦力の敏速な一点集中に後れをとらなければ、繰り返すけれども、東アジアで、海空軍において日本に敵《かな》う国はいない。

ただし、繰り返すが、継戦能力は、はなはだ弱いという重大欠陥がある。すなわちミサイルをはじめ砲弾、燃料に至るまで、高性能・高価格であればあるほど、極端にいえば「一・五回（会）戦」分しかないから、初戦で圧倒的勝利を収めないといけない。しかも先制攻撃は禁止だ。

何十年という間、防衛担当者は大蔵省（現・財務省）の「フィフス・ホイール不要論（第五の車輪、すなわち予備＝アトリションなど要らないという愚論）」に悩まされてきた。自民党の宏池会も大蔵省出身者が多く、同様に無理解であった。

せめて米軍の来援まで持ち堪《こた》える「三回戦ボーイ」にならなくてはいけない。ただちに弾薬、燃料の備蓄を進める必要がある。繰り返して言う。

「政治よ、タマをください。日本を守るために」

第六策――治安・危機管理論

社会とともに変化する犯罪、さらに自然災害に備え、国民の安全、治安に携わる公務員を増員すべし

「有材ノ公卿《くぎょう》諸侯及ビ天下ノ人材ヲ顧問ニ備ヘ官爵ヲ賜《たま》ヒ、宜シク従来有名無実ノ官ヲ除クベキ事」（坂本龍馬の「船中八策」の三）

龍馬がここで述べているのは、門閥や出身階級を問わず、有為の人材を登用すべしということだが、これを現代に照らして解釈すれば、従来の常識や慣習、申し送り事項で、人材の採否、増減を図るべからず、ということにもなるだろう。

警察や消防、自衛官、刑務官、海上保安官といった国民の安全、治安に携わる公務員は増員こそすれ、削減するような愚をおかしてはならない。

■治安要員を削減してはいけない

民主党の無能、無策、虚言、裏切り、責任転嫁などは今さら語るまでもないが、野田内閣が四月三日に**国家公務員の採用削減を閣議決定**したことには、怒りを通り越して脱力した。無定見ここにきわまれり、と言うほかはない。

来年度（二〇一三年度）の新規採用数を、政権交代前（二〇〇九年度）の八五一一人から、五六％減らして三七八〇人にするという。

治安に関わる警察庁、刑務官の所属する法務省、海上保安官の所属する国土交通省は五〇～五二％減で、配慮したのだという。

相変わらず「大蔵（財務）省主導型」の「枝ぶり論」、優先順位をつけることから逃げる「公平論」だ。すなわち**必要な芽もムダな芽も一律に刈り込んでしまう盆栽「枝ぶり論」**なのだ。

これはマニフェストにあった「国家公務員の総人件費二割削減」を実現に近づけようとしたことの一環だが、誰がどこから見ても「目先の帳尻合わせに努力しました」という見え透いた言い訳にすぎない。

左の強い「官公労」公務員共闘が生首切りに協力するはずがないことは初めからわかっていた。民主党の票田は労働組合である。菅改造内閣では労組出身の「労働貴族」閣僚が六人もいたのだ。生首を二割も切れるはずがない。民主党閣僚は橋下大阪市長の爪の垢《あか》でも煎《せん》じて飲めと言いたい。

削減が閣議決定されたのは、国家公務員採用Ⅰ～Ⅲ種試験（今年度から「総合職」「一般職」試験）合格者であって、現場を削減するわけではないというが、「治安に配慮した」と言いながら半減させる政府の姿勢は質《ただ》さなくてはならない。

テロリズムを含む外国人による犯罪にも備えなくてはならないし、暴走を続ける北朝鮮では何が起こるかわからない。崩壊ともなれば難民が日本に押し寄せる可能性は高い。

「首都圏直下型でマグニチュード7級の地震が四年以内に七〇％」と発表され、その後「五〇％以下」に修正されたが、遠からず相当な地震に見舞われることにも備えなくてはならない。

治安の悪化は多くの国民が感じていることだが、一方で「凶悪犯罪は減っている」「犯罪件数も減っているデータがある」と反論される。しかし、社会の変化とともに犯罪も変わっていく。

ストーカーも増えたし、コンピュータ犯罪も増加の一途だ。「振り込め詐欺」のような新種の犯罪にも対応していく必要がある。

たしかに現在の公務員制度には問題があって、非効率な〝お役所仕事〟が横行しているのも事実である。これには大鉈《おおなた》を振るわなくてはいけない。

しかしその一方、**警察や消防、自衛官、刑務官、海上保安官といった国民の安全、治安に携わる公務員は増やさなくてはいけない**。増員すべきところを現状にとどめて「治安・防犯にも留意している」と言うのなら、これは政府の責務を果たしていないことになる。

「催し物に行くと、役人がぞろぞろ並んで頭を下げる。ほかにやるべき仕事はないのか。まだ人が余っている」と怒る石原慎太郎東京都知事は、都の職員を二万八〇〇〇人削ったが警察官と消防官は増員した。

橋下徹大阪市長も、多すぎる役人の削減を打ち出しているが、警察官と消防官の重要性をよく理解しているコメントを出していた。

政府だけが、もはや崩壊しているマニフェストの帳尻を合わせようとして、無責任な数字操作をしているのである。

■負担人口を五〇〇人以下に

各国と比較してみると、**日本の警察官は決して多くはない。**

約二五万二〇〇〇人の警察官がいるけれども、警察官一人あたりの負担人口は、日本は五〇三人である。つまり警察官が一人で五〇三人の国民を守っているということだ。来年度の予算が通れば五〇二人になる可能性があるそうだが、この負担人口率は他の先進国に比べるとかなり高い。

たとえばフランスは約六二〇〇万人の国民に対して、警察官はおよそ二一万八〇〇〇人、負担人口は二八六人である。負担人口だけ列記すると、ドイツ三一四人、イギリス三六六人、イタリア二七二人、アメリカ三五三人と日本の七割以下なのだ。

現在の治安状況を考えると、アメリカ並みに三五〇人を目標に掲げて増員することを提案したいのだが、それには警察官を三割増の三二万八〇〇〇人にする必要がある。

ここまで増員ができれば理想的だが、公務員削減があたかも「国是」のように語られる昨今、実現は難しいだろう。

そこで私は、**「警察予備隊」をつくることを提案**したい。

かつて存在した警察予備隊七万五〇〇〇人は、ご存じのように自衛隊の前身だが、私の案は

「予備警察官」制度の創設だ。

消防官(消防士)は約一六万人だが、およそ九〇万人の消防団員がいる。消防団員は非常勤の特別職地方公務員で、普段はそれぞれほかの仕事に就いているけれども、火事や風水害といった災害、有事の際には消防活動や救難・救命・行方不明者の捜索をする。

自衛隊には予備自衛官という制度がある。これは非常勤の特別職国家公務員で、普段はそれぞれの職業に従事しながら、防衛招集や災害招集などの有事に自衛官として活動する者だ。そのために原則として年間五日間の訓練を受ける必要がある。約二四万八〇〇〇人の自衛官(定員)に対して、約五万六〇〇〇人が予備自衛官として登録している。

予備自衛官は、自衛官として一年以上勤務した人が対象だが、自衛官未経験者に門戸を開いた予備自衛官補制度もある。

こうした制度を参考に予備警察官を創設して、人員不足のために手薄になりがちな**国内治安を守るために活躍**してもらう。

子どもの通学路を守ったり、痴漢やストーカーを未然に防いだり、パートタイムで働いてもらうこともできるだろう。大事件や、あるいはオリンピックのような大きなイベントにも対応できる。

■交番相談員も一万人に

首都直下型や東南海地震が発生した場合、このような予備警察官を二万人なり三万人なり動員できるようにしておくことは喫緊の課題である。

手当は出すけれども、普段は別な仕事をしながら、非常招集に備えるのである。それぞれが勤めている企業に、非常招集が解除されたら復職を認めるよう義務づけることは言うまでもない。


予備警察官には、先行する制度として「**交番相談員**」がある。

警察官の人手不足が深刻化し、パトロールに出ると交番が無人になるという「空き交番」問題があった。

小泉純一郎内閣のとき、警察官OBで非常勤職員の「**交番相談員**」**を大幅増員して七〇〇〇人とし、「空き交番」**に配置したのだ。

身体壮健でやる気も十分なベテラン揃いだから、拾得物の手続きや、自転車盗専用被害届の受理、道案内ほかさまざまな相談事に乗ってくれると一般からの評判もよい。拳銃は携帯できないが、護身用に特殊警棒と警察無線の受令機を持っている。

この交番相談員も一万人なり増員して、警察官の負担人口を軽くしてやることを提案したい。

だが、六〇歳以上は「体力勝負」の第二機動隊としては無理がある。

そのため青壮年の予備警察力が必要である。経団連、商工会議所など、経済団体の協力を得て全国的に志願者を募り、有事の際は一時休職、給与は動員期間中は企業負担、復職は保証、出勤手当は一〇万円以下、衣食住保証など体制を整え、さらに東京被災のときは東京以外に指揮中枢を設けて支援する、といった一種のボランティア、たとえば**「学徒勤労奉仕隊」のような部隊の創設**が望まれる。

■警察力強化に向けての苦言

警察官の増員は、安全な生活を送るために必須であることを国民に理解してもらうことが重要なのだが、**相次ぐ警察の不祥事**がそれを台無しにしている。

二〇一二年元旦、オウム真理教元幹部の平田信《まこと》が逮捕されたが、その顚末《てんまつ》は「お粗末」の一言に尽きた。大晦日の夜、平田が関わった公証人役場事務長逮捕監禁致死事件の捜査本部がある大崎署に出頭しようとしたが入り口がわからず、オウム事件の情報提供を呼びかける警視庁の情報提供ダイヤルに公衆電話から電話をしたのだという。だが何度かけても話し中でつながらず、一一〇番に電話して平田信の担当部署を尋ねると警視庁本部だと回答されたらしい。

ＪＲと地下鉄を乗り継いで警視庁本部に向かい、正面玄関で名乗り出たところ警備の機動隊員が悪質ないたずらと判断、丸の内署に行くように指示したため、七〜八分ほどの距離を歩いて丸の内署に出頭している。年明け早々、こうした門前払い、たらい回しが判明して、新聞紙上をにぎわせたのだった。

平田が出頭を深く決意していたから逮捕されたわけだが、逃亡を続けるか出頭するかと迷っているような容疑者なら、再び行方をくらましていた可能性は高い。長期化した事件への取り組みが疑われかねないミスだった。

その後菊地直子の逮捕に続き、最後の特別手配となった高橋克也を公開捜査で市民の協力を得て逮捕したのはよかったが、漫画喫茶の店員がせっかく「似ている」と報告したのに「似ていない」と言って身柄確保を躊躇する現場刑事がいた。また、菊地・高橋の二人が夫婦を装い、「櫻井」の偽名で川崎市内に潜伏していたとき、巡回連絡で警察官が訪れ、面会していながら気づかなかったことも明らかになった。

近年の警察が少しトロいという印象を国民に与えてしまったのは、非常に残念だ。たった一七年で警察官の心からあの残忍なオウム真理教の蛮行に対する「公憤」が消えつつあるのだろうか。猛省を促す。

また二〇一一年十二月、長崎県西海市でストーカーの男に家族の女性二人が殺害された事件では、千葉、三重、長崎の三県警は事件前からストーカー被害を把握していた。

この女性が住む地域を管轄し、被害届を出された千葉県警習志野署は、「人手が足りないので一週間待ってほしい」と受理しなかったことが二〇一二年三月になって明らかになり、厳しく批判されることになった。

しかもこの警察官たちは北海道の温泉に二泊三日の遊興の団体旅行に行っていて、鎌田聡県警本部長以下懲戒処分を受けた。

京都でてんかんの持病を持つ若者が軽自動車を猛スピードで運転し、行楽客でにぎわう祇園《ぎおん》の繁華街に突っ込み、本人を含む八名死亡という大惨事となった日の夜、安森智司《さとし》京都府警本部長が、周りの諫言《かんげん》を斥《しりぞ》けて府下警察署長たちとの懇親会に出席して飲酒した。しかもそれが発覚すると部下に責任を転嫁するという醜態を演じたのである。

かつての桶川《おけがわ》ストーカー殺人事件が、警察側の捜査放置と被害者側への告訴取り下げを要求した結果であったことや、新潟少女監禁事件では、発覚後も県警本部長が麻雀接待を続行して酒を飲み、翌日は管区局長を白鳥見物に案内した大失態があったことが大問題になったということを忘れたのか。

歴史は繰り返すのだろうか。

このほかにも飲酒運転など交通違反、交通事故から痴漢、セクハラなどわいせつ事件、破廉恥事件も起こる。**法の執行者である警察官には、高い道徳性が求められる。**つねに「国民の模範」であることを要求されるから、ストレスが高じるのも事実である。しかしだからといって、こうした違法行為や非社会的行為は許されるはずもない。警察への信頼が揺らぐと、この国の治安を守る組織が弱体化していくことにつながってしまう。

圧倒的多数の警察官は、多忙でも困難でも、日々忠実に任務を全うしているのである。ただ、二五万人もいれば非行に走る人間が出てくるのも事実である。その際、警察は仲間意識の強い組織だけに、身内の不祥事を隠してしまいがちだが、現在のようにマスコミに加えインターネット、ツイッターなどが浸透した世の中で、いつまでも隠しおおせるものではない。やがて露見して「隠蔽《いんぺい》体質」とされ、さらにたたかれるのだ。

拙著『「危機管理・記者会見」のノウハウ』(文春文庫)でも書いたことだが、**不祥事の際、まず初動で行うべきことは内部調査**である。できるだけ早く、事実関係を調べなくてはならない。「本当に悪い報告をした者を誉《ほ》めてやる」組織であれば、本当の話が上がってくる。

事件・事故の際、一般的には内部調査の正確な情報に基づいて、①「こちらが悪い」②「五分五分でこちらも悪いが向こうも悪い」③「向こうが悪い」のどのグループに当てはまるかを一〜二時間でトップが決めなくてはならないが、警官の非行・違法行為といった不祥事では、当然①である。

これはできるだけ早く謝るしかない。ことにまだ発覚しておらず、いずれ露見して大問題になりそうなケースではこの処置が非常に有効になる。もちろん不祥事の発生防止に力を注ぐことは言うまでもないが、小手先の弥縫策がさらに大きな問題を引き起こし、組織の信頼を損ねてしまうのである。

二〇〇一年、警察不祥事が次々に多発し、ついに故後藤田正晴元副総理や故氏家齊一郎《うじいえせいいちろう》日本テレビ会長ら有識者を集めた警察刷新会議が開かれ、規律の振粛《しんしゅく》、業務の能率化、不祥事未然防止などが真剣に討議され、私は後藤田氏を補佐した。

今、両氏がこの世に戻られたら、いったい何と言うだろう。関係者の猛省をうながしたい。

■危機管理中は秘密があるのが当然

謝罪する場合、自分に都合の悪いことも包み隠さず率直に明かして謝ることが重要だ。しかし、どんな場合でも**「すべての情報を開示すること」が危機管理だと考えているなら大間違い**である。

三月三十一日、内閣府の検討会が「南海トラフ巨大地震」について新たな被害の想定を発表したが、これはまずかった。「最大三四メートルの津波が襲う」と、対策も方針もなく数字を示されても、不安に陥れるだけでどうにもならない。明治以来、「一〇メートルの堤防で津波は防げる」という前提で堤防を造ってきたのである。早急に全国で造り直すことなど不可能だ。

東大地震研究所による首都直下型地震の確率の発表もまずかった。政府の地震調査研究推進本部は、これまでM7級は「三〇年以内に七〇％」と言っていたのに、東日本大震災後、急に「四年以内に七〇％」などと言われたら、人心を不安に陥れるだけである。その後、「四年以内に五〇％以下」と修正されたが、無責任な危機予測発表であった。

まず**政府として極秘裏に対策を講ずべき**であり、発表が必要なら、対策や方針を示した上でのことである。まったく対策を講じられない状況で、国民や世界に向かって言うことではない。民主党の内閣は、先頭に立って「風評被害」を拡大している妙な内閣である。

津波の被害が想定される地域の人々は不安におののくし、その近辺に観光に行こうとする人も減るだろう。むろん海外から日本を訪れる観光客も激減する。

菅直人前総理は「危機管理とは全部国民に情報を開示することだ。秘密はない」という旨の発言を国会答弁でも記者会見でもしているが、浅はかの極みである。広まるとパニックになるような話も公表するというのだろうか。

たとえば「東京駅3番線に不審物あり。サリン、あるいは時限爆弾の疑い」という情報が入ったとしよう。私が警視庁警備部長なら、まず「口外するな」と箝口令《かんこうれい》を敷き、秘密裏に特殊班を現場に派遣する。さりげなくその物件を検査して、ただちに報告するように指示するけれども、絶対に公表はしない。東京駅が大パニックになって、階段で将棋倒しになる可能性があるからだ。

特殊班は私服で行かせ、ものものしい機動隊はなるべく避ける。

「3番線が使えなくなったので移動してください」などと言ってホームを空にして、万一の場合のミティゲーション（被害の局限）を図る。

制服の部隊が阻止線を張るのは安全距離を確保できてからだ。これを「3番線に危険物がありますから待避してください」とアナウンスなどすると間違いなく大パニックが起こる。

こうした場合、治安機関である警察は、後になって「なぜ隠した」という非難を受けることを覚悟で、全責任を負って秘密にしなくてはいけない。

危機管理官庁には、こうした「**情報管理**」**が必須**であり、危機管理に携わる者は後で**非難さ**

れてクビになる覚悟が要求されるのだ。

■大喪の礼の実話――正午に祭場爆破の予告――ガセか本当か

私の体験した実例を挙げておこう。あまり詳しく人には言わなかったが、もう明かしてもいいだろう。

一九八九（昭和六十四）年一月七日に崩御した昭和天皇の大喪の礼が行われた、同（平成元）年二月二十四日のことだ。竹下登総理（当時）を大喪の礼委員会委員長として内閣の主催で行われ、私は警備担当実行委員を務めていた。

新宿御苑に設《しつら》えた葬場殿で、当時の小渕恵三官房長官（大喪の礼実行委員長）が開式を告げ、正午を期して一分間の黙禱《もくとう》が行われたが、その約一時間前、過激派から宮内庁に脅迫電話が入ったのだ。**「祭壇に爆弾を仕掛けた。十二時に爆破する」**というのである。

関係官庁の中で宮内庁がもっとも弱いと目されたのだろう。実際、宮内庁は上を下への大騒動になった。祭壇にもっとも近いところには今上天皇、皇后がいる。ジョージ・H・W・ブッシュ米大統領やミッテラン仏大統領、デ・クエヤル国連事務総長ほか諸外国、国際機関を代表する参列者は数百人、王室を持つ国からは国王の参列も多かった。こうした国家元首や使節、大使ほか国賓級の人々が祭壇の至近距離にいた。

警備の全責任を負っている私は、すぐ金澤昭雄警察庁長官と西広整輝防衛次官（ともに、当時）らを会場の天幕の外に集めて緊急会議を行った。竹下さん、小渕さんに言うか言わないか。

言うとしたら誰がどんな言い方で伝えるかを打ち合わせた。

約一万人が参列していたので、当日、朝六時から参列者を入れはじめた。最初はボーイスカウトや各界の代表者、地方自治体からの参列者に入場してもらい、国賓級はいちばん最後に入っていただいている。

私は午前五時から現場を見ていた。棺《ひつぎ》を安置する場所から一本一本の柱まで、目視だけでなく金属探知機も使ってすべて調べてある。

総責任者として最後に確認し、その上で相撲の土俵と同じように地面に箒目《ほうきめ》を立てて、清めて下がってきたのである。

もし誰か一歩でも踏み込めば足跡が残るはずだ。きわめてアナログな方法だが、信頼性は高い。

私の感覚では、脅迫電話はガセ（騒がせのガセ）だと思った。官庁としていちばん〝弱虫〟の宮内庁を狙ってパニックを起こさせようとしているのだと判断したのだ。

警察から協力者に一斉に電話をして、もう一回情報をとるように指示した上で、もし不審な情報があれば、その段階で私が処理することにして、十一時五十分を過ぎたころ、小渕さんの背後へそっと近づいた。

「振り返らずに聞いてください。あなたはテレビに映ってますからね、前を向いたままで聞いてください」と安全装置をかけてから、「こういう情報がありました。私はガセだと思いますが、こういう措置はしてあります」「さらに情報が入って、本当に爆破の危険があるとなったときにはまたここへ来ますから、そのときは大喪の礼実行委員長である官房長官として私に避難命令を出すよう指示してください」と言ったのだ。

そのすぐ前に座っている竹下さんにも、「総理、そのまま振り返らないでお聞きください。今、官房長官には報告しました。かくかく云々《しかじか》。絶対に慌てないでください」と伝えた。「危うくなったら、また来ますから」と下がったのだが、二人とも相当肝っ玉が太い。「わかった」とだけ答えて、まったく自然なそぶりであった。

私は自分の席に戻り、金澤警察庁長官と西広防衛次官とともに「もし爆発したら」と覚悟を決めた。われわれがきょろきょろしたり落ち着きを失っては大騒ぎになってしまう。「万一の場合、辞表だけじゃすまないな」「腹を切ってもダメだろう」などと囁《ささや》きながら時計をにらんでいた。

十二時になり、一分、二分、三分と過ぎても何事も起こらない。

式は粛々と進んでいった。竹下さん、小渕さんも落ち着き払っていた。

もし立ち上がったりあたりを見回したりすれば、厳粛な場は台無しになり電話をしてきた連中の思うつぼだが、見事な態度だった。

これは一般の人に知らせるとパニックが起こるような局面、重大な危機では、数人で責任を負う覚悟で秘密にしなければいけないという実例だ。

「本当のことを隠さず言います」というのは、あとから責められないための言い訳、責任回避にすぎない。**責任のある立場の者への教訓**である。

さらに、正午の爆破予告がガセに終わったのもつかの間、警察庁警備局から金澤昭雄長官を経て、重大な情報が入った。

今度は警備公安の本物の情報協力者からの情報で、「大喪の礼そのものの爆破は、警戒が厳重で断念した。そこで午後二時に**御陵《ごりょう》に向かう葬列を狙う。爆弾を沿道に仕掛けた**」という。

式場でホッとしている小渕官房長官に報告した。

「午後二時、沿道爆弾です。引き続き機動隊を転進、厳重配備して予防に努めますが、万一のご覚悟はお願いします」

続いて竹下総理にも短く同じ口上を述べた。

二人とも、深くうなずいて「頼みます」と短く答えた。**根掘り葉掘り「六何の原則――いつ・どこで・誰が・何を・いかにして・なぜ――」（英語では5W1H）とは聞かない。**

「六何の原則」とは、中学校でも教えている情報の六要素だが、竹下・小渕両氏とも、そんな平時の情報ルールによる無駄な質問はしなかった。そんなことは神のみぞ知る、誰にもわからないからである。

■深大寺付近での大爆発

そして午後二時、調布市深大寺《じんだいじ》付近の中央自動車道下り線の切り通しで大爆発が起こり、大量の土砂が崩れ落ちて車道を半分ふさいだ。配置の機動隊員が一名生き埋めとなり、配置の全隊員が大楯《おおだて》で土砂をかいて片付け、隊員を救出した。隊員は鼓膜をやられたものの生命に別条なし。車列は何事もなかったように御陵へ向かった。無事終わったあと、官邸でささやかな慰労会があり、私は小渕官房長官から「さすが警視庁は凄《すご》いね。情報どおりだったね」とねぎらわれた。

竹下総理は祝辞を述べに群がる人々の肩越しに私を認め、何も言わず挙手の礼を送ってきた。これが、今は故人となられたトップとNo.２からの私への勤務評定だった。これで私は十分だった。

四月十四日、北朝鮮のミサイル発射後の官邸の混乱を見て、私はしみじみと思った。大喪の礼のとき、竹下・小渕体制でよかった、野田・藤村体制でなくてよかった、まして菅や鳩山のときだったら……とぞっとした。

第七策――エネルギー・食糧論

安全性確保の方法を明示し、原発を再稼働した上で、新エネルギーを増加させる道筋を示すべし

■選挙目当ての「原発廃止論」は無責任――大飯原発再稼働は英断――

坂本龍馬の「船中八策」は、第八策の通貨の問題を除くとすべて政治・軍事・外交の献策で、経済や財政、資源エネルギーについての意見具申はない。

エネルギー問題は、私は門外漢である。したがって、国民の一人として発言したい。

定期検査などで止まっている原子力発電所五〇基の再稼働が、争点になっている。

野田内閣は、福井県おおい町の関西電力大飯《おおい》原発三、四号機の安全が確認されたとして再稼働する方針を示していたが、橋下徹大阪市長は「政府の手続きには納得していない」とかみついた。

六月に入ってから野田総理は大飯原発再稼働の決断を下した。

菅前総理の**非現実的な観念的原発全廃論は、為政者として無責任極まるもの**だった。それに比べて野田総理のものの考え方は、高く評価する。

結論から述べると、**私は原発の再稼働は進めるべきだ**と思っている。もちろん安全性が十分

に確認された上での話だが、日本民族がこれから生きていくためには、日本中の原発が停止した状態のまま、すべてを廃炉にしていくことは、できないからだ。安全を確認したら再稼働していかないと、電力不足になることは必至だ。

橋下氏も「期間を限定しない稼働は電力会社の利益を守ろうとするだけ」と苦言を呈しつつ、夏場の電力不足回避のため一時的な稼働を容認した。

この点、ブレたととる国民も多いだろうが、私はむしろ彼の現実的な柔軟さを支持したい。問題は政府が国民から信頼されていないことだ。この夏の電力不足を回避するために、再稼働が必要だと言っていたのに、枝野経済産業大臣は「現時点では再稼働には反対だ。地元をはじめとする国民の一定の理解なしに再稼働はしない」と発言し、翌日は「賛成でも反対でもない」と濁すなどブレにブレていた。こういうことを繰り返すから「本当に電力が足りないのか」と、ますます信頼を失う悪循環だ。

「ごくわずかでも危険があるから止めろ」ではなく、「ごくわずかながら危険がある。だから必要十分な安全性を確保しながら運転する。もし将来は止めるとなっても、当面は必要だ」というのが、私の意見である。**廃止か存続かという、単純な二者択一では決められない。**

将来は風力や太陽光発電、そのほかの代替エネルギーでまかなえるようにするにしても、それまで一〇年や二〇年はかかると見られている。

また、東京電力の経営責任は、「今後どうするか」という方法論であって、原発をどうするかという方針、原則論とは別なことだ。蛇足ながら付け加えれば、原発を継続させるからといって、従来の東電のやり方を許容しているわけではない。

電力需要には、一日を通じてほぼ変動しないベース需要と、生産活動や社会生活で使われるピーク需要があることはよく知られている。原子力発電の特徴は発電量を細かく調整することはできないが、一定で大量の発電ができることだから、このベース需要を担っていて、原発事故が起こるまで、その比率は約三割だった。

新エネルギーで代替し、原発を廃止しろと言う人もいる。だが、需要の三割をただちにまかなえるはずはない。さすがにそれは無理だとわかっている人は、当面は天然ガスなどの火力発電所を増設すべきだという。

だが、発電コストの問題もさることながら、国内で使うエネルギーの大半を輸入に依存する日本では、急に原発廃止に向かうのは、エネルギー安全保障の観点からも望ましくない。今後もしホルムズ海峡で紛争が起こり、石油の輸入が止まり、原発もダメ、火力発電もダメとなったら、いったいどうするのか。

中長期的には、国民の判断に基づいて原発廃止に向かうこともあるかもしれない。だが、それまでの期間、頻繁に停電したりするのでは産業も国民生活も立ちゆかなくなる。二〇一一年春、計画停電の際の混乱ぶりは記憶に新しい。

「原発の再稼働」を主張すると、それだけで激しい批判にさらされるから、選挙を控えた政治家は、「廃止を目指す」「新エネルギーを普及させる」などと、**耳触りのいいことだけを掲げやすい。だが、それではやはり無責任**だ。

関西電力の筆頭株主である大阪市は、原発を可能な限り速やかに全廃することや、発送電分離などを、株主総会で提案したが否決された。橋下大阪市長率いる「大阪維新の会」の政策に沿ったものだろうが、こうした行動が、最初から否決されることを想定したパフォーマンスであってはならないと思っていた。実際六月二十六日の株主総会で橋下市長は、関西電力の経営上の将来リスクという観点から、原子力発電や核燃料サイクル継続見通しなどの質問を通じ、脱原発の新たなエネルギー供給体制の構築を求めた。

安全性を確保する方法を明確にして原発を再稼働し、その上で、新エネルギーを増やしていく道筋を示すこと。私はそれが責任ある態度だと思う。

国民に受けのいいことを言いっぱなしで、しばらくして「やっぱりできませんでした」となったのでは、民主党の二の舞である。

■是々非々の態度で、総合的な政策を提示せよ

議論の最初に、**「原発推進派なのか、廃止派なのか」という踏み絵が行われている現状は、どう考えても不毛**である。

「原発は危険だ。子どもたちのために廃止しろ」と主張する人たちは、積極的に発言するから目立つのだが、「これ以上は増やさず、いずれ廃止しよう」という人も含め、サイレントマジョリティは「現実に即して、安全性を高めながら運転していこう」と考える人たちなのではないだろうか。

新エネルギーにせよ、天然ガスや石油・石炭にせよ、エネルギーをムダなく使う仕組みや、省エネ化も含めた総合的な政策が必要なのは明らかだ。

自民党の長期政権の下、原子力は国策だったから、電力の使用を増進する方向でさまざまな施策が行われてきたことは事実である。

その反面、**新エネルギーの研究には予算がつかなかった**といわれる。「燃える氷」とも呼ばれる「メタンハイドレート」は、日本近海に相当量がある。また、「海底熱水鉱床」の存在も確認されている。これを国営事業として低コストで採掘できるようにすることや、火山国ならではの地熱発電、海洋国ならではの波の力による発電なども、今後は進められるようになるだろう。原子力は続けるけれども、従来のような優遇は止めればよいのである。

また、風力発電や太陽光発電がなかなか普及しなかったのは、発電コストもさることながら、電力会社が発電だけでなく送電網を押さえた地域独占体制で、接続を渋ってきたからだといわれている。これもさまざまな方法で発電する事業者が増えては、原子力推進に逆行しかねないと、自民党政権が認めたからだった。

「安定供給のため」というのが電力会社の大義名分だったが、発送電分離によって送電網に自由に接続できるようになれば、工場の自家発電による余った電力だとか、新エネルギーによる発電会社なども電力を販売できるようになるとされる。

私は**原子力推進という国策がすべて間違っていたとは思わない**。資源小国である日本が、化石燃料以外のエネルギーを持つことは安全保障の観点からも理にかなっている。理念はよかったのだが、スタートしておよそ半世紀、さまざまな利権や歪《ひず》みも生まれた。それは事実として認めなければならない。

東京電力は、賠償金支払いに充《あ》てるため、「契約期間内であれば拒否可能」なことを周知せずに企業向け電気料金の一七％の値上げを図り、怒りを買った。家庭用は一〇％値上げすると言うが、**自らが十分にムダを削減し、スリムになって出直したとは言い難い**。

子会社だけで一六八社（平成二十二年度決算時の数）という膨大なファミリー企業を持ち、随意契約による高コスト体質にはなんら手をつけていなかったことも伝えられている。

政府には厳しく監視、指導する責任がある。民間企業ではあっても、賠償費用や運転資金ですでに三兆四〇〇〇億円もの税金が投入されているのである。

原発について忘れていることがある。テロリストに対する警備問題である。陸海空三位一体の警備ができるのは自衛隊のみであるが、現在は定員と予算なきまま警察特別警備隊に任せている状態だ。しかし**全原発五四基（3・11以降は五〇基）に対して、その数わずか九〇名**。警察は定員と予算を要求しているのだから、早急に応じるべきである。

■輸入された貴重な資源をムダなく使う

資源・エネルギー安全保障と並んで、当然、食料の安全保障も考慮しなくてはならない。**食糧自給率四〇％というのは、なんとも心細い。**

省エネの実用化に関して日本は、世界でもトップクラスと高く評価されているが、今後、徹底的にムダを排除していかなくてはいけないと、私が考えているのが「**食べ物のムダ**」である。日本は食品の約七割、年間五八〇〇万トンを輸入しながら、その三分の一にあたる一九〇〇万トンを捨てているといわれる。しかもそのうち五〇〇万〜九〇〇万トンは「食品ロス」と呼ばれ、食べられるのに捨てられているというのである。

デパ地下にはおいしそうな総菜が並んでいるが、売れ残りは廃棄される。コンビニの弁当類も一定時間が過ぎればたちまち生ゴミになる。レストランなど飲食店で仕込みすぎた食材や食べ残しも、捨てられる。

これをおかしいと思う日本人は多いはずだ。私が防衛庁の官房長だったときは、大きな立食パーティーで残り物をあまりに情け容赦なく捨てるものだから、昭和五年生まれの欠食児童だった私には我慢ならないもったいない話だったので、職員に「プラスチック容器を持ってきて、できるだけ持って帰れ」と言っていた。「こんなことをやっているとお天道様の罰があたる」といつも思っていたものだ。だが、部下たちはこう言っていた。「官房長、あなたがそうして持ち帰って食中毒など起きたら、お店が食品衛生法違反で、保健所につかまるんですよ」と。

農林水産省が中心になって、食品リサイクル法で飼料にするなどと施策が進められているけれども、**資源に乏しい日本は、輸入された貴重な資源をムダなく使う**ことこそ、国策とすべきだと思う。

どうしたらよいのか、具体策までは私にはわからないが、食糧自給率四〇%とはなんとも危うく、食糧安保の重要性を感じる。

食糧安保については、治安・防衛・外交の重要性を訴える本書本来の任務を逸脱するので、このあたりで止めるけれども、地球上の人口が七〇億人を超え、世界的に食糧の奪い合いは必至という状況にあって「食べ物を輸入しておいて捨てる国」が、繁栄するとは思えないのだ。

■古米廃棄に一〇年間三兆円の無駄

私が現職中に認知した税金の無駄遣いの最たるものは、防衛庁審議官のときである。当時、大平内閣の私的諮問委員会「総合安全保障研究グループ」（議長・猪木《いのき》正道氏、幹事・高坂正《まさ》堯《たか》氏）というものがあった。これは、大蔵省出身の長富祐一郎総理秘書官が、「各省で恐れず意見を言う」審議官・課長級を、まったくのボランティアで招集したもので、その安保委員会に私も呼ばれたのだ。

その席で食糧安保が議題となり、農林水産省の鴻巣《こうのす》健治課長が発言した。のちに農水局長としてコメの輸入を力説して左遷された人物である。

彼の問題提議は、私たち現役霞が関官僚の体制内改革派にもショッキングな事実の告発だった。『食管法（食糧管理法）』で国有財産である古米、古古米は、ＯＤＡで開発途上国援助にも使えず、倉敷料ばかりかかるので、農水省は毎年三〇〇〇億円の予算でそれらを一〇年計画で粉砕して、養鶏場の鶏のえさにしたり工業用の糊《のり》にしたりしている。一〇年間で三兆円の税金の無駄遣いだ。窒素加工して地下倉庫に有事の食糧としてアメリカのように保存すべきだ」

というのだ。

もちろん全員賛成だったが、その後この献策は立ち消えとなり、食糧自給率は四〇%に下がった。鴻巣課長は次官にはなれなかった。

第八策――経済論

専門家の英知を実現するにも、国の信用が不可欠。政府は自らの身を切って覚悟を伝え、国民の信頼を取り戻すべし

■日本人の雇用、生活を守るのは誰か

経済問題は私の専門外なので、これも一国民として提言したい。

本書の最初でも述べたように、坂本龍馬の「船中八策」は、国体論に始まり国防・内政・外交・政治・行政のあり方などが、第一策から第七策で示されている。

最後の第八策だけ、

「**金銀の交換比率を国際的な法律によって定めよ**」

という内容で、様子が違う。

通貨に関する経済政策を掲げているのだ。

すでに海援隊で貿易を行っていた龍馬は、金と銀の交換比率によって日本が著しく不利であり、欧米諸国の商人たちが小判を移動するだけで大儲《おおもう》けしていることを知っていたので、それを正そうとしたのである。このことは第1部「なぜ今、『船中八策』ブームなのか」で述べたとおりである。

私が生涯をかけて専門としてきたのは治安・防衛・外交・危機管理だから、経済・金融・財

政に関しては、龍馬のように仕事を通じて培った知識はない。具体的な政策については、専門的な知識・知恵のある人に力を発揮してほしいと思う。ここでは私の問題意識を述べておきたい。

■何が〝最小不幸社会〟か

私の見る限り**現在の問題は、政府が国民の信頼をすっかり失っていることだ。**

マニフェストの羊頭狗肉《ようとうくにく》ぶりや、パフォーマンスに終わりわずかな財源しか出てこなかった事業仕分けなどで失望させていたところに、尖閣問題のまずい対応があり、そして東日本大震災と原発事故である。無為無策、危機管理能力を決定的に欠く、民主党政権の地金が出てしまった。

国民の生活を守る能力も、あるいは意志もないと思われているのだ。そもそも「国民の生活が第一」と掲げて政権交代した民主党だったが、菅直人総理の就任記者会見、所信表明演説では**「最小不幸社会」を唱えて「国民の生活が第一」は消えている。**

これでは、消費税にせよTPPにせよ、政府の提案を検討しようにも、その内容や目算などとても信頼できるものではない。

「やるべきことをやっていない」――この一言に尽きるのだ。マニフェストで掲げた諸施策はひとつも実現せず、約束しなかった、あるいはそうしないと約束したはずの「消費税増税」に命をかけ、そして小沢一郎氏によって党分裂に見舞われた民主党の支持率は、毎日新聞社の世論調査（六月二十九日付）では一六％が一〇％にまで下落した。

たとえば二〇一一年、日本の輸出企業は記録的な円高に苦しんでいた。一ドル八〇円台から七〇円台半ばまで上がったのだから事態は深刻だった。このとき政府が最初にとった対策は、円高で打撃を受ける中小企業の資金繰り支援や、外国人客が減少した観光業の支援、円高のメリットを活かし海外企業の買収をうながすことなどである。

手法に賛否両論はあるけれども、二〇〇三年から二〇〇四年にかけて、一二〇円ほどだった円が一〇〇円割れとなったとき、当時の小泉政権は毎月のように数兆円単位の為替介入を行っている。これには国内外とも批判が少なくなかったのだが、輸出産業である日本のものづくり企業を守ろう、雇用や国民の生活はなんとしても守るんだという政権としての意志が感じられた。また、日本の強引な為替介入が国際的にも許容されたのは、当時は日米関係が良好だったためとも言われている。

国民の生活を守るのは、融資の支援や補助金ではない。外交・防衛政策までも含めて「**自国の国民は絶対に守る**」という**意志**であり、**それが伝わる具体策**である。

国民を守れない国、国民から信頼されない国の経済は、悪化することはあってもよくなることは絶対に、ない。

龍馬の第八策にある「金銀交換比率」の問題を現代の課題としていえば、まさに「円高ドル安」への対策ではなかったのか。ギリシャ危機から始まった欧州の経済危機も災いして、政府の数次にわたる単独介入はただの無駄遣いだったのかどうかは私にはわからないが、決して有効な財政危機管理とはいえない。

国の借金が一〇〇〇兆円を超えた今日、なにか打つ手はないのか。

■財務省の言いなりの《民主党・新宏池会》野田総理は信頼できるのか

野田総理は「不退転の決意で消費税増税を実現する」と意気込んでいる。

「やるべきことをやってから増税」とは小沢一郎氏のセリフだが、それが圧倒的多数の国民の意見、常識だろう。消費税増税は、国民も「仕方がない」と認めている。

つまり、消費税が上がって喜ぶ人はいないが「財政がこのままでは破綻《はたん》しそうだから仕方ない」「高齢人口が増えて社会保障費が必要なのだから仕方がない」というのが、多くの国民の意見だろう。だから、これからは「どうやって納得してもらうか」である。

もし真っ先に議員の数を減らせば、ずいぶん印象が違うはずなのだ。国会議員一人に対し国庫から支給されている歳費その他の手当は約三四〇〇万円。これに無料の交通パス、格安の宿舎、公用車、秘書給与などを含めると、その年額は約一億円に達するという。**議員定数を四五人削減するだけで、単純に四五億円の税金が浮く**のである。

故後藤田正晴氏が、甥孫《せいそん》である後藤田正純氏の初当選に際して、「なぜ公職五〇年のワシと、三〇歳そこそこで初当選の正純との歳費が同額なのか」と側近に漏らしたことがある。杉村某(元議員)や、フリーターだったとかいう女性議員にまで一億円の税金をかけるのは「おかしい」と思わないだろうか？

議員の生活を守ることに懸命で、国民は二の次だと、行動が雄弁に語っている。

一方、導入に反対する意見は「消費税増税で景気が致命的に悪化する」というものだ。

これに対し、野田総理はこんな答弁をしていた。

「消費税を引き上げることで社会保障の将来像に不安がなくなる。消費が喚起され、経済が活性化される可能性もある」

本当だろうか。消費税増税を目論む、財務官僚に丸め込まれているのではないか。というのも、財務大臣当時の野田氏が財務省の傀儡《かいらい》になっていたことは、間違いのない事実である。その証拠が**「国家公務員宿舎」問題**だった。

国家公務員宿舎（財務省が管轄）は、税金の無駄遣いであるとして事業仕分けの対象になり、緊急を要する建て替えを除き「凍結」と決定した。ところが、いつの間にか凍結解除され、すでに着工したものもある。自分の党がやった事業仕分けでありながら、あっさりと**凍結解除を了承したのは、財務大臣だった野田氏**である。

消費税が増えても消費は減らず、トータルでも税収は増える、というのが財務省の言い分だ。社会保障費が増えて、働く世代は安心するので消費は減らないというのだが、本当だろうか。すでに消費税をすべて社会保障にまわしても、必要額には届かないことが明らかになっている。

とはいえ、今のままでいいわけではない。所得税も法人税も減少する一方だ。二〇年後、三〇年後の日本をどうするのかという視点に立ち返れば、消費税を上げて高齢社会に対応した仕組みをつくるという説明には「たしかにそうだ」とうなずく人は多いと思う。

治安や防衛の予算を大幅に伸ばすことが難しいのも事実である。そのために、アメリカとの関係が重要だと説いたのだ。

予算の「単年度主義」も、そろそろあらためようではないか。

予算はその年度内に使い切らないと翌年度はその分削減となる。だから年度末になると同じ道路でガス、水道、下水、電線など所管の違う工事を行って、何回も何回も掘っては埋めるという愚行が続くのだ。無駄遣いだとみなわかっているのに……。

■頭のいい官僚と不勉強な政治家――「政務官試験」を導入せよ

結局のところ、政府自身の信用、信頼の問題に立ち返ってくる。国がいかに国民から信頼されるか、他の国から信用されているかの度合いが、経済に表れる。

であれば、その信用、信頼をいかにして回復するかという問題になる。当然のことながら、これには特効薬はない。不断の努力を重ねて、時間をかけて勝ち取るものだ。

しかし時間は限られている。

「特効薬はない」と書いたが、政府の覚悟を伝えることはできる。それがたとえば、大幅な議員定数の削減だが、もうひとつ、私は「**政務官試験**」を提案したい。政務官、副大臣、大臣というといわゆる政務三役に就任する際、試験を義務化するのである。

民主党の掲げる本来の「政治主導」が機能しなかったのは、官僚と渡り合って使いこなせる人材がいなかったことである。それぞれの分野、省庁で政策や法律に精通した官僚の協力なくして、円滑に国家の運営などできないことは、誰の目にも明らかだ。

官僚たちは基本的に国家公務員Ⅰ種（二〇一二年度からは総合職）試験に合格して採用された人間だ。Ⅱ種（かつての中級職。二〇一二年度からは一般職）試験合格者も、大卒・短大卒レベルの難しい試験で高い倍率を突破して採用されている。

対して、政務官には国会議員が就いている。**政務官とは、**大臣を助け、特定の政策について企画に参画し、政務を行う**「国家公務員法」上の特別職公務員**だが、これが玉石混淆《こんこう》なのである。

議員は「選挙の洗礼を受けている」のは事実である。私たちが現役のころ、「あんなバカだのなんだの言われる議員でも三万票、多ければ三〇万票もとっている。同じこと、俺たちにはできないよな」と、よく役人仲間で言っていたものだ。

もちろんリーダーシップに富み、よく勉強している優秀な議員もいるけれども、威張ったり怒鳴ったりするだけの議員も少なくないのである。さまざまな分野から、国会に代表を送り込むことはいいのだが、今やフリーターがいきなり衆議院議員になったりするのである。

かつて自民党政権の下では、特定の専門分野に非常に詳しくて権力を発揮する「族議員」がいた。官僚顔負けの知識を持つ人も多かったが、政治資金と票の見返りに業界の代弁者となって、関係省庁の政策決定に影響力を発揮していた。それでは困る。

私の提案する政務官試験は、**政務官、副大臣、大臣を任命する前、集中教育をして試験を行**

うのである。担当する省庁の関係法令、今までの国会決議、国是など、一週間ほど集中講義したあと試験をする。六〇点以下は落第点で、政務官にしない。

たとえば防衛省の政務三役になるという人なら、防衛関係の条約やその経緯、現在の世界情勢から内閣法など、その職務を果たすために当然知っておくべき内容を出題して、合格点がとれなかったら任命できないことにする。**「人材」には三種類あり、「人財」は組織にとって役立つ、「人在」はいるだけ、「人罪」はいると罪になる**というが、これで田中直紀氏のような「人材」ならぬ「人罪」が防衛大臣の職務に就くことも防げる。

震災後、被災地で「九州の人間だから、何市がどこの県とかわからん」「本当は仮設（住宅）はあなた方の仕事だ」などと暴言を吐いて復興担当大臣を辞任した松本龍氏など、極端に問題のある人も判別できるように、心理テストも盛り込むべきだろう。

政治家は「身を切る覚悟」とよく口にする。議員定数や議員報酬の削減は当然として、「質を高めようと努力しているのだ」とアピールすることも必要だ。こうしたことを積み重ねて、信頼が醸成されるのである。

第3部　平成の七不思議——誰が聞いてもおかしなこと——

■「ヘンだと思いませんか？」

本項では、第2部に書ききれなかった、しかし今こそ正しておかなくてはならない、日本の課題について述べる。幕末と違って社会が複雑になり、国家の危機も多様化して、「八策」どころではおさまらなくなってきた。

龍馬の「船中八策」の第一策にあるのは、「大政奉還、天皇親政」である。

しかし、平成時代の「救国の八策」は時代が違いすぎるから、私は誰に大政奉還すべきかを考えた。それは、「主権者」である「**国民**」「**有権者**」**への大政奉還**だとの結論に達した。すなわち、「**解散・総選挙**」である。

また、第四策で論じたように、マッカーサーの占領政策によりわが国の弱体化が意図された日本国憲法、下位法規のために、今に至るさまざまな呪縛が続いて、あちこちに歪みが起きている。

誰がどう考えてもそれはおかしいと首をかしげるような問題点を、これから列挙していこうと思う。その先を続けていくのは、読者の自由にお任せしよう。その数が多ければ多いほど、龍馬が「船中八策」で構想した日本から、どれだけ離れてしまったかを示すことになる。

泉下の龍馬は、何と言うだろうか。

①防弾チョッキ、ヘルメット携行は武器の輸出？

一九九二（平成四）年、「国際平和協力法（国際連合平和維持活動等に対する協力に関する法律）」に基づく国連平和維持活動（ＰＫＯ）に参加するため、自衛隊がカンボジアへ派遣された。陸海空の自衛隊が、建設・輸送・補給・停戦監視などの任務にあたったのである。

前年、海上自衛隊が機雷掃海のためにペルシャ湾に派遣されていたが、地上部隊が海外に派遣されたのは初めてのことであり、さまざまな議論や揉《も》めごとが起きた。

私が激怒したのは、通産省（現・経産省）が横やりを入れてきたことだ。

自衛隊とともに文民警察官が派遣されたのだが、

「防弾チョッキと防弾ヘルメットを持っていってはいけない」

というのである。現地の治安は悪く、武器を持った暴漢などいくらでもいる。大量虐殺で悪名高い武闘左翼勢力「クメール・ルージュ」（ポル・ポト派）もいる。だからこそ武装解除や停戦監視の必要があって、派遣されるのである。安全な場所に、視察や観光で行くのではない。

そんな場所に丸腰で行かせるわけにはいかない。だが、機関銃を持っていってはいけない、小銃もいけないとなって、拳銃だけ携行できることになった。だが、弾倉と銃とを別々に保管しなければいけないなど、まったくもって**バカバカしい規則ずくめ**だった。

そのうえ「防弾チョッキと防弾ヘルメットを持っていってはいけない」とはどういうことか。私が「自分の体を守るためのもので武器ではない。なぜダメなのか」と聞いたところ、「輸出にあたるおそれがある。武器輸出禁止三原則に抵触する」という答えだった。

「持参したものは持って帰るのだから、輸出にはならないはずだ」と言う私に、通産省の役人はこう言った。

「いや、もしかすると現地でPKO要員がそれを売るかもしれない。そうすると輸出になる」

命がけでPKOに参加している警察官の身の安全のことなど、まったく頭の中にないのである。結局、**文民警察官は防弾チョッキと防弾ヘルメットなしで派遣された**のだった。

半年後の、一九九三年五月四日、日本人文民警察官五人が、オランダ海兵隊部隊の護衛を受けて、パトロール中、武装集団に襲われ、高田晴行・岡山県警警部補が死亡、四人が重軽傷を負うという事件が起こっている。高田警部補には、妻と二人の息子がいた。通産省の役人は何と言って遺族に詫《わ》びたのか、私は寡聞にして知らない。

当時、陸上自衛隊の施設部隊と停戦監視要員の派遣に先立ち、陸上自衛隊の持っていく機関銃をどうするかで、国会で論戦にもなった。

戦後初の地上部隊の海外派遣でもあり、社会党の楢崎《ならざき》弥《や》之《の》助《すけ》氏らが、武器の携行と使用について難癖をつけたのである。

携行する機関銃が一丁なら「武器の使用」だが、二丁になると「武力の行使」になるといったバカな議論が国会で行われたのだ。その結果、約六〇〇人の部隊に一丁だけ認められたのだった。あとは拳銃と小銃のみ。**現地に出没するゲリラよりも軽装備**なのである。

当時、論戦の中で**「身に寸鉄帯びずに行け」**という**栗山尚一《くりやまたかかず》外務次官**に対して、**防衛事務次官だった依田智治《よだともはる》氏**が**「武士に大小を捨てよと言うのか」**と時代がかった言葉を浴びせて話題にもなった。

石原信雄官房副長官がどう裁定するかと困っていたので、「大刀をおいて小刀だけ帯びていけ」と言ったらどうですかと助言したものだ。

こんな騒ぎの中で、自衛官、文民警察官は派遣されたのである。

ＰＫＯの参加は、一九九一年の湾岸戦争のとき、日本は資金援助だけして多国籍軍に人を出さなかったために、米英から批判を受けたことがきっかけだった。戦後、初めて地上部隊が海外に派遣されるとあって、左翼勢力や教条的な平和主義者が騒ぎ立てた結果、極端な軽装備になったのだった。

私は還暦から古希までの一〇年間、シベリアに九回、カンボジアに十四回、ＪＩＲＡＣ（日本国際救援行動委員会）の青年・学生のべ八五〇名を率いて、難民救援や孤児院建設などの海外ボランティアを経験した。その際、カンボジアではランドクルーザー二台が、武装ゲリラにより強奪されたこともある。いかに現地が危険かを承知の上、宮澤内閣に助言したが無視された。今でも私は口惜しく思っている。

戦地に行かない連中が勝手なことを言い立てて、殉職者を出してしまったのは、本当に悔やまれる。

②なぜヤマハボートが武器なのか？

このころ、ヤマハのスピードボートをイスラエルに輸出しようとしたところ、通産省（当時）から「待った」がかかった。機関銃を積めば武器になるからだという。トヨタのランドクルーザーのような四輪駆動車も、機関銃を積めばすぐ武器になるからと輸出先は厳しく審査される。いずれも**武器輸出禁止三原則**があるからだ。

先述の「防弾チョッキと防弾ヘルメット」もそうだが、通産省の役人が、自分の権限を広げようとすることから無用な混乱を引き起こしているのである。

武器輸出禁止三原則とは、一九六七年の佐藤栄作総理の国会答弁が基になっており、「**共産圏諸国**」「**国連決議により武器等の輸出が禁止されている国**」「**国際紛争の当事国又はそのおそれのある国**」には「**武器**」の**輸出を認めない**ことにしたものである。

その後、三木武夫総理のとき、「三原則対象地域以外の地域については、憲法及び外国為替及び外国貿易管理法の精神にのっとり、『武器』の輸出を慎む」などの政府統一見解が追加されている。

こうした「**原則**」とか「**規制**」が**できると、張り切るのが官僚**だ。

二〇〇七年、海上保安庁と同じタイプの巡視船をインドネシアにＯＤＡ供与したのだが、経産省が武器輸出禁止三原則、貿易管理令に抵触するおそれがあると言い出し、あくまで例外とのことで切り抜けた。

経産省の見解では、たとえ三五ミリ砲を取りはずしたとしても、防弾ガラスと装甲板が張っであると、それは武器になるというのである。防弾チョッキ、防弾ヘルメット同様に防ぐものもダメだという。権益確保の宿痾《しゅくあ》としか言いようがない。

二〇一一年十二月、野田内閣では、武器・技術の国際共同開発・共同生産への参加と人道目的での装備品供与を解禁し、武器輸出禁止三原則を緩和した。

今まで厳格な武器輸出禁止三原則のために、日本は外国と協力して武器の開発ができず、コスト高にもなるし性能面でも取り残されてきた。それを緩和したことは評価できる。四月にキャメロン英首相が来日し、共同開発や技術供与に関する政府間の枠組みづくりにさっそく合意しているし、南沙諸島問題で揺れるフィリピン、マレーシアに巡視船を供与することも決めた。すでにメッキのはがれた「政治主導」ではあるが、経産省の横やりを跳ねつけてこれらをスムーズに進めなくてはならない。すでに財務省の傀儡と知られている野田総理が、経産省の傀儡にもなるのかどうかが、試される。

野田内閣は、緩和と決めたなら、緩和を実行すべし。

③なぜ防衛費は一％以下なのか？

第二策でも少し触れたように、一九七六（昭和五十一）年十一月、三木武夫内閣が「**防衛費はGNP（現在はGDP）の一％以下に抑える**」旨を閣議決定して以来、ずっと「防衛費一％枠」が続いている。

一九八六（昭和六十一）年、私が初代内閣安全保障室長の任に就いたとき、最初の大仕事がこの一%枠をはずすことだった。それこそ何十回と会議を重ねて、翌年、**第三次中曽根内閣で一・〇〇四%とごくわずかながら一%を超える**ことができた。その後も、一・〇一三%、一・〇〇六%と三年連続で一%を超えた。

これで片付いた、一%枠を廃することができたと思っていたのだが、その翌年からは、また一%以下に戻ってしまったのだ。

枠をはずすにあたって、大論争を繰り広げた大蔵省（当時）が盛り返してきたのである。宮澤喜一大蔵大臣に対して後藤田正晴官房長官が一歩も引かず、私が大蔵省の主計局長らと言い合いすることも厭わなかったから強引に乗り越えることができた。後藤田さんがいなければ大蔵省に対抗できなかったのである。

その後二〇年以上が経っても、この一%枠を超えることができないでいる。

すでに歴代の内閣が「防衛費一%枠」を適用しないと言っているにもかかわらず、亡霊のごとく一%枠が現れるのは、隠然と力を振るい続ける財務省が突破を許さないからだ。

財務省という一筋縄ではいかない官庁を抑えるには、本当の意味での政治主導が必要だ。今、この危機に日本の進路を誤らないためには、強いリーダーシップの持ち主が財務省をしっかりと抑えつけなくてはならない。

④マッカーサーが去って六〇年なのに、なぜ「農地法」？

坂本龍馬「船中八策」の第五策「古来ノ律令ヲ折衷シ、新ニ無窮ノ大典ヲ撰定スベキ事」

マッカーサー元帥の日本占領行政の大目的は、少なくとも朝鮮戦争が起こるまでは日本の無力化、軍国主義の払拭《ふっしょく》、平和主義の徹底だった。

子どものおもちゃ（戦闘機や戦車）まで規制し、柔道・剣道を禁止し、そして平和憲法を頂点とする法体系、内閣法を中心とする行政法規、警察法や消防法などすべてから「国家」を骨抜きにして、**義務の前に権利思想を前面に出して、あらゆる分野で日本弱体化政策を施行**した。

とくに、フェルディナント・ラッサールが批判的にではあるが『労働者綱領』の中で説いた「夜警国家論」、つまり「国家の本来的な任務」である治安・防衛・外交について、日本を第二のフィリピンのような半国家にするため、徹底的に破壊した。

まず陸海空軍を全廃し、内務省（当時）が全国一元化していた警察を約一七〇〇の自治体警察に、同じく消防を市町村消防に、海防は運輸省（現・国交省）に移して海上交通警察としての海上保安庁にと、地方分権・分散化した。

この罠《わな》に気づいたのが、旧内務省系の中曽根・後藤田コンビで、この二人の政治家はマッカーサー法体系を修正しようとした。

そして、ダッカ・ハイジャック事件、ミグ25亡命事件、大韓航空機撃墜事件、治安問題や人命危機を伴う関東大震災規模の大災害のような四類例の事件・事故を例示し、「**国家危機管理の対象**」**として内閣総理大臣の非常大権の導入**を図ったのが、一九八六（昭和六十一）年である。同年の大島三原山噴火の際の全島避難は、この体制が見事に機能して成功したのだ。

中曽根・後藤田時代ののち、近年でマッカーサー法体系を修正しようとしたのは安倍晋三元総理だったが、不幸にして病に倒れ、爾来この問題を担ぐ指導者は、政界から姿を消した。

そして、民主党政権の樹立によって、再び「国家」は消滅し、中途半端な「市民社会」となった。その中で、3・11の悲劇を迎えたのである。

マッカーサーの「呪縛」は、治安・防衛・外交だけではない。終戦直後の貧困と荒廃の中ではカンフル剤注射や緊急外科手術として必要であり有効でもあった諸改革（法律、制度、政策）には、幾多の変遷を経て、いまや障害となっているものも多い。それを改革することこそ「平成の維新」であり、「救国の八策」なのだと思う。

具体的には第2部の第四策「憲法論」で、「憲法第八十九条」と私学助成法、日本赤十字社法の矛盾について既述したが、さらに「**農地法**」という大きな問題がある。

GHQは、戦後飢え死にしそうになっていた国民を救うため、農業の増産を優先課題とし、封建的な大地主、不在地主を排除して、彼らから見ると帝政ロシアの農奴のような存在だった小作人を自作農として独立生産単位にしようとし、「農地法」を制定した。

これが日本国民を餓死から救ったことは事実だ。自民党も当時は一二〇〇万票を超す農民の票を集めた。各農村から二万〜三万票ずつとることで、一〇〇万、二〇〇万という都市部の革新票に対抗して保守的な政治を築きあげたのである。だが、経済成長とともに農村は過疎化し、農政は過度の保護政策によってゆがみ、「**食管法**」とその特別会計でコメは国有財産となり、関税障壁で国際価格の八倍に維持された。不在地主はなくなったが、工業の発展で若年労働力が都市部に流れ、一方のコメ余りで「休耕田」という「**働かないと補助金が出る**」、**誠におかしな政策**が行われるようになった。国有財産だからコメの輸出入は禁止である。

ODAは「キャッシュ・オンリー」という妙なタブーで、食糧不足に悩む国への援助にも使えない。そして国民の食文化の変化に伴うコメ離れもあって、別項で述べた食管特別会計による十年間で三兆円の古米、古古米潰しという、誰が聞いてもおかしな大無駄遣いが行われ、しかも会計検査の対象にもならないという大失政が大手を振ってまかり通ったのである。

この際、改革を叫ぶならサラリーマンや企業の農地取得をもっと自由化して、マッカーサー法令の「呪縛」を解くべきだ。

⑤宗教法人はなぜ無税？

マッカーサー元帥が日本を占領して驚いたことのひとつが、キリスト教の衰退だったと言われる。徳川幕府のキリシタン禁制の大弾圧にもかかわらず、生きながらえてきたキリスト教信者が、終戦後にはわずか二万人に減っていたのである。

アメリカの外交方針の三本柱は、①自由民主主義の普及　②人権の尊重　③反覇権主義、である。それに**WASP（ホワイト・アングロサクソン・プロテスタント）**の国柄である。

だから、帝政ロシアの南下を防ぐためにセオドア・ルーズベルトは日露戦争で日本を支持し、日中戦争ではフランクリン・ルーズベルトが蔣介石《しょうかいせき》を支援し、朝鮮戦争ではトルーマンが韓国を助けた。いずれの国も反自由民主主義で、非人道的な覇権（ヘゲモニー）を確立させないよう、軍事力の行使も辞さない。

中近東などにこの三原則は適用不可能となっているのに、また、ＷＡＳＰの原理主義者たちはベトナム戦争で懲りたはずなのに、その後もイラク、アフガン、そしてイランと、理想を掲げて失政を繰り返すのだ。

日本を占領したマッカーサーは、キリスト教の衰退と神道の支配に憤り、別項で述べた憲法第八十九条で神道を弾圧し、靖国への公的支援を絶ち、そして宗教法人法を施行させてキリスト教の振興を図ったのだ。

キリスト教といってもカトリックではない。**新教の普及こそアメリカの外交政策**であり、「**パックス・アメリカーナ**」と「**キリスト教史観の終末観（ハルマゲドン＝キリストの復活、ソ連邦唯物史観の滅亡）**」を普及させ、アメリカへの精神的支援を勝ち取るための壮大な宗教改革だったのだ。

この一時期ほど、新教の牧師が布教のために来日し、小さな教会を建て、牧師館を活用して「バイブル・クラス」が活発に展開されたことはない。

喪失した価値観を見いだすため、唯物史観を受け入れられない青年男女が大勢バイブル・クラスに出席した。実は私もその一人だった。

ところがマッカーサー元帥の意に反して、靖国参拝者の数は減らず、新年参賀の国民的慣習は続き、キリスト教徒はさほど増えなかった。

その代わり幾多の仏教系の新興宗教が雨後の筍のごとく出現した。その数約二〇万団体に及び、そのうち最大のものが「**創価学会**」である。のちにはあの「**オウム真理教**」まで誕生したのだ。

宗教法人法には、普通の法律との大きな違いがある。

それは、第一条に「**宗教とは**」**という定義がない**ことである。教義があり、教祖がいて、礼拝所があり、信者がいて、ご神体があれば、いつでも誰でも宗教法人を創設することができる。しかも「宗教は文化である」ということで、これら宗教法人は文部省（現・文科省）の所管で、文化庁がその管轄事務等を行っている。

一番重要なのは、非課税だということだ。

お布施《ふせ》、お賽銭《さいせん》、寄進、講演謝礼はすべて無税。しかも「宗教とは」という定義がないので、新興宗教法人は約二〇万団体、ご神体は複数あってもよいとのことで約二五万体ある。

ご存じのとおり公明党が有力な政党となったので、今さらこの法律を改正することはきわめて困難だ。しかし戒名で院殿号付きだと八〇〇万円だとか。それも無税というのはいかがなものか。

少なくとも宗教法人法第一条には「宗教とは人間の魂を救うもの」といった規定を加えないと、いつまたオウム真理教が登場しないとも限らない。

この規制のない宗教法人への課税対策として、消費税値上げはひとつの役に立つ。

世界中で五％の消費税でこのような高福祉を果たしている国はない。

消費税を目的税として仮に一五％に上げると、今まで税金を払わないでいた①政治家　②宗教法人　③暴力団　④部落解放同盟、などが間接納税せざるを得なくなる。姐《あね》さんにダイヤを買ってやるような暴力団組長も、八〇〇万円の戒名で稼いでダイコクさんにミンクを買ってやる和尚《おしょう》さんも、みんな立派な納税者になるだろう。

⑥総理に指揮命令権がない？

国家の大方針として「船中八策」を説く者は、マッカーサー法令の典型で、もっとも中枢となっている内閣法を研究し、総理の非常大権に関わる献策をすべきである。

憲法には、いくつかの条文に、いわゆる「三権分立」が記載されている。立法府の国会は「国権の最高機関」で衆参両院の議長が最高、司法は最高裁判所長官、そして内閣は行政の長と、この程度は国民はみな知っている。

そして、内閣総理大臣は「行政各部を指揮監督する」とあり、だから**総理は国家行政組織のすべてを指揮できる**のだ。

だから、「国家危機管理」に関わる指揮命令も「総理」ができると、みんな信じている。

だが、マッカーサーが憲法のすぐあとにつくった内閣法（昭和二十二年法律第五号）第六条では、憲法で総理に与えられた「行政各部を指揮監督する」との条文の前に「閣議にかけて決定した方針に基いて」と制約条件をつけている。第四条で「閣議は、内閣総理大臣がこれを主宰する」、第一条二項では「内閣は、行政権の行使について、（略）国会に対し連帯して責任を負う」ともある。

これはつまり、**総理は閣議の司会者で、行政の最高意思決定機関は〝全会一致の閣議〟**であるということをはっきりと規定しているのだ。

同法第七条では、関係省庁に積極的権限争議が起きたときには「内閣総理大臣が、閣議にかけて、これを裁定する」と書かれており、これは総理の権限とは消極的調整権、つまり〝何か言ってきたら裁定してやれ〟という程度のものだと解される。

内閣官房長官の権限に至ってはさらに小さく、同法第十二条～十三条で定められているのは関係省庁から求められたときの、これまた**消極的調整権**にすぎない。

総理や官房長官の権限についての、これらの厳しい圧縮は、二度と東條英機のような人物を出現させないようにというマッカーサー元帥の日本統治方針といえよう。

それでは、**憲法上の総理の権限**とは何か。

それは①**国会（衆議院）の専権事項としての解散権**　②**閣僚の任意の罷免権**、の二つであり、これを上手に活用した総理として、私は佐藤栄作氏、中曽根康弘氏、小泉純一郎氏の三氏を挙げる。

解散をちらつかせ、まつろわぬ閣僚は罷免で脅して閣議を「全会一致」に持ち込む。そのスキルでそれぞれ七年、五年、六年の長期政権を保ったのである。

この内閣法改正は至難の業だ。解決のためには、本法には触れず特別法によって迂回させるのがよい。

それを試みたのが安倍晋三氏だった。

安倍氏は党幹事長だった二〇〇四（平成十六）年に「緊急事態対処法」（仮称）の成立について三党合意に成功し、できるだけ早い国会での成立を図っていた。それが、成就一歩手前にして例の八・八郵政解散で棚上げとなってしまったことは残念でならない。

⑦〝三〇年蟬《ぜみ》〟の有事法制

「緊急事態対処法」とは、①「周辺事態法」②「武力攻撃事態等対処法」③「国民保護法」に次ぐ〝**四番めの「有事法制」**〟で、まさに有事の際には総理に非常大権を与えようとするものであった。

そもそもこれらは、ミグ25亡命事件のとき、時の栗栖《くりす》弘臣《ひろおみ》統幕議長の「自衛隊による超法規の奇襲対処」発言を、金丸信防衛庁長官がシビリアンコントロール違反と決めつけて罷免したことに端を発した、いわゆる「有事法制研究」の三〇年越しの懸案で、まさに〝三〇年蟬〟である。

そしてその「有事法制研究」は、当時防衛審議官だった私が、三原朝雄《あさお》防衛庁長官の指示により、その第一分類「防衛庁が所管する法令」を、次いで官房長として第二分類「防衛庁以外の省庁が所管する法令」を、その後、（後藤田正晴官房長官指示の下）内閣安全保障室長として第三分類「どの省庁も所管しない危機管理法令」を、ということで、結局すべてまとめあげた（当時はまだ時期尚早とのことでお蔵入りとなったのだが）。

一九八六（昭和六十一）年七月一日、後藤田官房長官が安全保障会議設置法を導入して、国家危機管理の任務を各大臣縦割りから総理直属の内閣官房長官へと変更し、情報や指揮命令を一元化した。

各省庁、とくに危機管理官庁の危機対処について、それまで**多元的だったものを一元化したことは、日本の危機管理にとって大きな前進**であった。

その非常事態対処の安全保障会議設置法を、意図的に故意に無視したのが３・11のときの菅直人前総理大臣である。

ようやくここまできた国家危機管理の時計の針を二十六年逆回しした菅氏の国家に対する罪は、万死に値する。

⑧マッカーサー独立委員会の怪

橋下徹氏の率いる「大阪維新の会」の「維新八策」では教育改革を柱のひとつに掲げている。その内容として**教育委員会制度廃止を提言**していることに注目したい。

教育委員会は、首長からの独立性の高い組織である。ほとんどの場合、教員出身の教育委員五名による合議制で教育行政の基本方針を決めている。合議制・多数決のため責任体制が不明確で、しかも機動性・弾力性にかけるなどと指摘されてきた。

たとえば、昨今のいじめや学力低下に問題意識を持った都道府県知事や市町村長が、対策を打とうとしても、教育委員会は行政から独立しているので容易に手が出せない。のらりくらりと躱《かわ》されるうちに、一年が経ってしまうようなことが起こる。橋下市長が教育委員会制度にメスを入れようとしているのは、こうした旧弊を壊すことが狙いだろう。

そもそも教育委員会は、ＧＨＱの要請で来日したアメリカ教育使節団の設置勧告によってつくられたものだ。

教育の民主化、自主性の確保を錦《にしき》の御旗《みはた》に、戦前の日本を全否定して解体しようとする仕組みだった。

それを形骸化しながら今に引き継いでいるのだから、日本国憲法同様、**マッカーサーの「負の遺産」**といってよい。

教育委員会のほかにも土地収用に関わる「**収用委員会**」だの、農地の利用や転用などに権限を持つ「**農業委員会**」だの、都道府県知事や市町村長から独立した「**地方行政委員会**」という仕組みも、戦後のマッカーサー体制によるものだ。

こうした独立委員会に大きな権限を負わせているために、事件も起こり、事業全体に支障をきたした例もある。一九八八（昭和六十三）年、成田空港二期工事のための収用手続きを始めようとしていた矢先、千葉県収用委員会の委員長を中核派が襲い、重傷を負わせたのだ。中核派は、収用委員全員の住所、電話番号を機関紙に掲載、脅迫し、果てには収用委員の親族の小学生を誘拐しようとして未遂事件を起こしている。そのため収用委員全員が辞表を出してしまった。

新しく選任しようとしても誰も引き受けない。千葉県では収用委員会を設置できなくなった。収用委員会が裁決しないと、土地の収用が進まない。事実、千葉県ではその後長く、インフラの整備が滞ってしまったのである。

これらの独立委員会は、当初の理念はともかく、六十余年が過ぎれば形骸化も進んで、地元有力者の利権の巣窟《そうくつ》になったり、地元名士の名誉職になったりしているケースも多い。

大分県では、子弟を教員に採用してもらうため、教育委員への賄賂《わいろ》が慣例化していたことが明るみに出た。

一度、精査して不要なものは解体し、マッカーサー体制をリセットしなくてはならない。日本国憲法という〝総本山〟に手をつけることは当然だが、独立委員会のような**GHQ由来の組織が、日本社会の停滞を招いている**ことも知っておくべきだろう。

⑨文化大革命はなかったのか？

開発途上国の民族ほど《タブーの呪縛》が多い。

開発途上国では、禁忌が現代でも人々を拘束する。ヒンズーは牛を食べないし、イスラムは豚を食べない。不可侵の聖域があり、怪異の〝恐山《おそれざん》〟がある。インドにはカースト制があって不可触賤民《せんみん》（アンタッチャブル）がいる。南アフリカには今は解決した「アパルトヘイト」があったし、アメリカでは公民権法が定着するまでは皮膚の色による人種差別が厳存していたのは、歴史的事実である。

政治が史実を曲げたり、壮大な虚偽をつくり出して史実にしてしまうのも困りものだ。「白髪三千丈」と誇張癖のある中国は、あのすさまじい**文化大革命と紅衛兵暴動を歴史から抹殺**してしまった。

毛沢東と毛沢東夫人である江青《こうせい》らの狂気によって、二〇〇〇万人の中国人が殺されたという。私は香港領事時代、紅衛兵暴動から三〇〇〇人の在留邦人の安全を守るのに苦労した。珠江《しゅこう》の氾濫《はんらん》では、粛清により後ろ手に縛られたまま河辺に埋められて腐敗した何百という屍体《したい》が香港に漂着して、香港警察の厚意でそれを見学し写真を撮って外務省に送った、生き証人の一人である。

それなのに、最近、人民解放軍の駐在武官というれっきとした指導者階級のインテリが、「そういうことはありませんでした」と苦悶《くもん》の色を浮かべながら公式に否定したとき、気の毒に思った。その武官は、国家によって「呪縛」されていたのだ。

だが意地悪がしたくなって、

「私は『毛沢東語録』を記念に持っているし、レコードもあるし、香港の南洋劇場で行われた文化大革命集会を視察に行ったときのテープもある。革命歌の『東方紅《トンファンホン》』や『大海航行靠舵手《ターハイハンシンカオトウショウ》』をまだ歌えますよ」

といじめてしまい、彼の表情を見て反省したこともある。

日中間の歴史にも、その真実に迫ることをタブー視するものがある。

南京で日本軍は三〇万市民を大虐殺したというのが中国の言い分だ。蔣介石の国府軍が首都南京を守って戦ったから、その戦死者の死体もあったろう。開城する前に国府軍が略奪殺人を犯したともいわれる。

国際法に反する〝便衣隊〟（軍服を脱いでゲリラ化した正規兵）を日本軍が捕らえ、何百人か何千人かを銃殺したかもしれない。

だが、古都南京は人口三〇万人だといわれた。三〇万人虐殺というと、全市民を殺戮《さつりく》したことになる。

だいたい、三〇万人の屍山血河《しざんけつが》、そしてその腐敗した有様は、占領どころか人間がいられない地獄となるはずで、その遺体を誰がどう片付けたのか。実務家なら、あるいは数十体でも遺体を処理した経験のある人ならわかるだろう。

しかもそんな状況があれば、外国の特派員や国際連盟のリットン調査団の目に触れ、耳に入った可能性は大だが、リットン報告書には一行も書かれていない。

なぜこんなことを今ごろ言うのかといえば、中国共産党、政府、人民解放軍の首脳部が江沢民派の習近平氏に代わると、またあの不愉快な教科書、靖国、南京問題が始まることが予想されるからで、きわめて憂鬱だ。

日本の知識層は戦後皇国史観が否定され、世界観、価値観が崩壊したとき、怒濤《どとう》のごとく流れ込んできた二つの相反する史観、すなわちキリスト教史観と唯物史観の股裂《またさ》きにあって、半世紀苦しんだ。やっと唯物史観が衰退したと思ったら、今度は**《自虐史観》という病的な史観**にとりつかれた。これを批判することは長く日本における大きなタブーとなった。

きわめて厄介な病でもあり、早く治さないと大変なことになる。

余談だが、ヒンズーとイスラムの食文化上のタブーによって困り果てているのが、日本の府中刑務所である。現在、受刑者は約二〇〇〇名、その約二〇%、四〇〇人ほどが外国人だ。問題は食事である。昔は「ブタ箱のメシはモッソウ飯」などといわれ、味噌汁に漬け物、麦飯で済んだが、人権尊重の現代ではカロリーや必要な栄養素などが担当栄養士によりきちんと計算されている。

ところが、牛肉はヒンズーがダメ、豚肉はイスラムがダメなどとなれば、鶏肉ということになり手間も予算もかかる。そしてそのうち日本人受刑者たちからも牛肉や豚肉を食べさせろという要求が高まり、統制がとれなくなる。宗教的な食文化には過去の疫病流行など衛生上の問題もあり、それが戒律となった歴史もあるのだろうが、文明度の低い国ほど淫祠《いんし》邪教、迷信、呪術《じゅじゅつ》、占い、偏見、差別が国民の中に根強く残って、その民族の成長発展を妨げている。

⑩不可思議な国連中心主義

日本は二〇〇〇年の伝統を誇る文化国家である。明治維新後、海外文明を急速に吸収して当代一流の文明国家となり、科学技術、医療などは先進国中の先進国に発展した。

それなのに、平成の日本において、なぜこんなに《タブー》があるのだろう？　そしていい年をした知識人や役付きが、そのタブーに「呪縛」されて思考停止に陥り、ブレにブレて、日々変転する事象にあわてて右往左往し、つねに多数派でありたいと時流に迎合し、橋下維新の会が現れると雪崩を打って「船中八策」とお題目を唱えて橋下教祖にひざまずく。

文明批評家の詩人・萩原朔太郎《はぎわらさくたろう》の「**箴言集**《しんげんしゅう》」に、「**地球の地軸に近く居るもの**」と題した、たしか次のような一節がある。

「地球は自転しているから、その表面は烈《はげ》しく移動する。地球の表面にいる者はその速度に合わせて烈しく右往左往する。ところが地球の地軸の近くにいる者は右往左往することなく、しかも自転により地球が回転すると、地軸の近くにいる者は同時刻に確実にその角度だけ移動する」

至言である。

記憶によるもので、厳密な原文ではないが、**真の「保守」とは**、萩原朔太郎のいう「**地軸に近く居るもの**」なのだ。

日本には、誰が考えてもそれはおかしいと首をかしげたり、眉をひそめるような、奇妙なことがたくさんある。その背景にあるのがマッカーサーの呪縛なのだ。

すでに掲げたように、弱体化政策による日本国憲法、警察・消防・海上保安庁の地方分権・分散化、農地法、宗教法人法、内閣法などがそうだ。このほか「**国連中心主義**」だとか、「**Ｏ**

ＤＡの闇」だとか、不可思議なことや納得しかねることがいくつも思い当たる。「平成の七不思議」と題して列挙していくと、七不思議といいながらもっとある。いくつになるのだろうか。

「国連中心主義」は、日米同盟とともに日本の外交の基軸である。一九五七年以来そのままの「国防の基本方針」の第一条にも、それは明言されている。それなのに日本国憲法には国連の「コ」の字もなく、これだけ自衛隊が国連ＰＫＯで世界の紛争地に派遣されているのに、「防衛省設置法」にもそのような意味での「国連」という言葉はなく、自衛隊法には二〇〇六年の法改正で国際平和維持活動が本来任務に加わった際に、ようやく「国連」の文字が入った。

日本は依然としてドイツ、イタリア、ルーマニアなど旧枢軸国やフィンランドとともに、**国連の「敵性国家」**なのである。わが国は国連分担金の一二・五％（一時は二〇％）を支払い、一九七九（昭和五十四）年以来「政府開発援助（ＯＤＡ＝Official Development Assistance）」を七〇〇〇億〜一兆円負担しているのに、安保理の常任理事国になれない。

⑪なぜ中国が「開発途上国」なのか？

国連の政府開発援助の日本負担金は、バブル時代は一〇〇億ドル、邦貨にして一兆円で対象国は一〇〇カ国を超えた。そして累積では数年前までは中国はその最大の相手国であった。不思議だ。

核軍事大国で有人宇宙飛行に成功し、大海軍国へと軍拡を進め、アフリカの天然資源をはじめ、一三億国民のために世界中で資源エネルギーを買い占め、日本を抜いて世界第二位の経済大国となり、外貨保有高、世界貿易、経済成長率で世界第一位となり、北京オリンピック・上海万博をなし遂げた中国が、なぜ「開発途上国」で、日本が**毎年数百億円、一時は二〇〇〇億円にのぼるODAを負担**しなければならないのか。

世界的かつ世紀のエニグマ（謎）である。

それは、一九七二（昭和四十七）年の日中国交正常化交渉に端を発し、一九七九年の鄧小平＝大平正芳会談で結実した。日本はすでに蔣介石に莫大な戦時賠償を支払っていたことから、二重払いになるという日本の意向を取り入れて「中国の近代化が実現するまで対中経済援助を続ける」こととし、その手段としてODAを用いることとなった（余談だが、この国交正常化交渉の際、尖閣諸島問題は〝もっと賢くなるに違いない孫たちの世代まで凍結〟、棚上げで合意している）。

爾来三〇年以上、日本は中国の近代化が明らかに実現した今日に至るも、〝**事実上の戦時賠償の二重払いの延べ払い**〟を続けさせられている。日本政府が北京五輪の準備中のころ、「中国がODAの卒業生になることが適当」（町村信孝外相）と打ち切りを申し出ると、「教科書」「南京」「靖国」「歴史認識」と騒ぎだし、日本は閉口して円借款以外のODAを続行するという腐れ縁が続き、現在までに総額三兆七〇〇〇億円を支払っている。しかもその事実上の戦時賠償二重払いが反日恫喝と砲艦外交とではたしていつまで続くのやらという「呪縛」に喘《あえ》いでいるのが、外務省のチャイナ・スクールであり、親中の政治家たちである。

今年は、日中国交正常化四〇周年である。

このへんで、誰か**勇気のある総理大臣、外務大臣がこの「呪縛」を断ち切るべき**なのだが、民主党の野田・玄葉コンビでできるのだろうか？

ちなみに私は、阪神大震災のあとに所要の救命ヘリ、タワリング・インフェルノ（超高層ビル火災）にも対処できる高圧放水車、大型消防飛行艇（海自救命飛行艇改造一機）、化学消防車、消火ロボット、救急車、高性能消防車（人口一万人に一台）の総予算がいったいいくらかかるか試算したことがある。

結果は一〇〇〇億円。中国へのODAを一年か二年やめれば拠出可能ということだった。

⑫「違憲合法」のまやかし

まず、**自衛隊が「違憲合法」**だ。マッカーサー憲法の第九条の「交戦権」は、英語で書かれた原文では「ライト・オブ・ベリジェレンシー（right of belligerency）」で、これは自衛のための戦争も禁ずる概念であることは別項で述べた。そして、「戦力なき軍隊」「専守防衛」で個別的自衛権はある。「**戦車**」**ではなく**「**特車**」、「**砲兵**」**ではなく**「**特科**」などと日本特有の言葉の綾でごまかして、憲法を改正することなく今日に至った。

一五万の陸上自衛隊、ヘリ空母二隻、対空・対水上・対潜水三次元戦闘能力を備えた四個護衛隊軍のヘリ搭載護衛艦三二隻、潜水艦一六隻、Ｐ－３Ｃ対戦哨戒機八四機の海上自衛隊、Ｆ－15戦闘機二〇一機一〇個飛行隊、偵察衛星七基（今年度中に八基目を打ち上げ予定）。これらが「戦力」でなくして何を「戦力」と呼ぶのか。

これから次々と指摘する「**マッカーサーの呪縛**」**第一号が憲法**である。この世にも愚かな自己催眠、自縄自縛、ブードゥー黒魔術の呪縛のような誤れる平和主義のタブー、自虐史観を、まず打ち切らなくてはならない。

「武器使用法（ＲＯＥ）」なき日本では、自衛隊は警察官職務執行法第七条、つまり死刑・無期または長期三年以上の懲役もしくは禁錮《きんこ》にあたる凶悪な罪を犯した者の逃走・抵抗抑止が危害許容要件であるパトロールの警察官用の武器使用規定を準用してサマワに行ったり、海賊対策に、民生安定に海外派遣されている。この自衛隊員、そして家族の基本的人権はどうなるのか。

前述したカンボジア文民警察官派遣のとき、「身に寸鉄も帯びず行け」といった栗山外務次官、「防弾ヘルメット、防弾チョッキ着用は武器輸出禁止三原則違反」といった通産省幹部、きわめつきは当時の宮澤喜一総理だ。

岡山県警の高田晴行警視（死後二階級特進）の殉職に際して、静養中の軽井沢に居続けようとし、「仕方ないな」と言って帰京したのち官邸で「たいしたことないじゃないか」と暴言を吐き、高田警視が自分の直属の部下（総理はＰＫＯ対策本部長）となっていることを知らずに

「岡山の警部補さんが一人お亡くなりになったそうで」と記者会見し、公葬にもついに参列しなかった。この総理を支えていたリベラル派殿上人《てんじょうびと》の官僚たちも同罪で、妙な進歩的文化人だった彼らはみな、**文民警察官殉職の不作為共同正犯**だ。

⑬「総括」なしの「転向」、苦々しき記憶——日教組S教師

進歩的文化人の悪例は多々あるが、もっとも代表的人物を一人挙げよと言われれば、それは**清水幾太郎**《いくたろう》だったろう。

氏は、戦時中は大東亜戦争支持の右翼教授として出陣学徒にハッパをかけていた。敗戦とともに一八〇度方向転換して、ソ連邦支持にまわり、反戦・反帝・反米の〝進歩的文化人〟として月刊誌や新聞紙上で大活躍をし、あるとき突然豹変《ひょうへん》して右翼に戻り、「日本よ国家たれ」と核装備を説くなど、あまりのブレの烈しさに日本の知識層もついてゆけず、晩年は寂しいものだったようだ。

いわゆる進歩的文化人ではないが、実在した**日教組の女性教師**の例を挙げよう。世田谷の公立小学校で私の次男の担任だったS女史である。

ベトナム戦争の真っ盛り、中国では「造反有理」の紅衛兵の暴力革命が進み、国内は第二次安保闘争、ベトナム反戦運動が暴力化して、治安は麻のごとく乱れていたころのことである。

私は三年にわたる香港領事の勤務中、香港の紅衛兵暴動、英中対決という大混乱の中、三〇

○○人の邦人の安全確保と万一の場合の総引き揚げ準備の危機管理に明け暮れ、一九六八（昭和四十三）年六月二十九日、やっと日本に帰ってきた。

しかし翌三〇日の日曜日をわずか一日休んだだけで、七月一日付けで警視庁公安部外事課長に任じられ、即日国会方面の情報検挙班の指揮官として現場出動という、今からでは想像もつかない戦国時代だった。

そして、十月二十一日の新宿騒擾事件から警備部警備第一課長となり、連日激しい大学紛争、街頭武装行動の全共闘武闘派との戦いの日々が続いた。

そんなある日、今日は家族と夕食をともにできると、ささやかな期待を抱いて夕方帰宅した私は、次男が学校から帰ってこないことに不安を覚えた。

すでに卑怯な全共闘は、警察官の家族を狙いはじめ、罪のない妻子に危害が及ぶ不穏な雰囲気が漂っていた。いちばん非道な事件が、一九七一（昭和四十六）年十二月十八日に発生した土田国《くにやす》保警視庁警務部長夫人・小包爆弾殺人事件である。心理作戦もあったのだろうが、不気味な日々だった。

私たち幹部の氏名、住所、家族構成、日常生活などを克明に一覧表にした、第一次安保闘争以降引き継がれている暗殺手引きアングラ文書、「全国ドラム缶製造業者一覧表」「球根栽培法」「腹腹時計」などの爆弾製造法手引きなども公安の手に集まりはじめていたのである。

心配しているうちに次男がふらふら帰ってきた。

「どうした、心配したぞ。こんな遅くまで何やってた」

「立たされてた」

「(一安心して)それで、何やった?」

次男は突然、堰《せき》を切ったように爆発した。

「なんにもしてないよ。先生が『この中でお父さんが警察官や自衛官の子は立ちなさい』と言った」

次男をはじめクラスの三人が顔を見合わせながら立ち上がると、その女性教師は、

「この子たちのお父さんは悪い人たちです。ベトナムで罪のない女子供を殺し、日本では戦争反対の学生たちを警棒でたたいています。今後、この子たちとつきあわないこと。三人は立っていなさい」

ということで、夕方まで立たされていたのだという。

同級生たちはみんなそばに来なくなり、次男は待っていてくれた上級生の長男と二人で、今帰ってきたというのだ。香港生まれの香港育ち。ただでさえ帰国子弟で日本の小学校になじむには時間のかかるむずかしい年ごろの少年に、日本の初等教育はなんというひどいことをするのか。

私は激怒した。すぐ校長に電話で抗議すると、「相手は日教組です。あなたも警察だからよくわかるでしょう。騒ぎ立てないほうが……」と事なかれ主義だ。

「では、教育委員会に提訴する」と言うと、大あわてで「さっそくSに説明に上がらせます」

とまた体を躱した。

やがてS教師が来宅した。初めから高圧的戦闘的で、当時流行の警察・白衛隊批判をとうとうと述べ、「あなたの弾圧に対し、日教組何十万を挙げて闘います」と言う。

私は「警察官としてではなく、一父兄として、親の職業で子どもを差別したあなたがクビになるまで闘います」と告げた。

すると、S教師は途端にガバッと床に座って、「辞めさせられると私、食べていけません」と平謝りする。妻が、「あなた、それくらいにしておいたら。女性教師を土下座させたなんて、この人、何を言うかわかりませんよ」と止めるので、私は今後を戒めて帰した。

ずっとあとになってわかったことだが、S教師の陰湿ないじめは止まなかったという。庭に咲いたあじさいの花を摘んで教室に飾ってはとS教師に手渡したところ、「君の花は飾りません」と無残にゴミ箱に捨てられたこともあったという。

「オヤジに言うとまた怒ってボクがつらい目に遭うから」と、母親にも長い間隠していたそうだ。

ごく最近、次男とS教師について話をする機会があった。

次男が口ごもりがちなので、「どうした、Sの話は嫌か？」と聞くと、こんなできごとがあったのだと話しはじめた。

「この間、家のそばのスーパーの前で信号待ちをしていたら、向こうからしきりに僕のことを見てるおばあさんがいたんだ。信号が青に変わると、そのおばあさん、小走りにそばに来て、満面笑みを浮かべて、『佐々君でしょう。私はSよ、覚えてる？』と声をかけてきたんだ。僕が忘れるわけないだろう？『ええ、覚えてます』と渋々答えたら、『お父さん、お元気？私、お父さんのファンで、いつもテレビで見てます』って言うんだ。昔のこと、忘れちゃってるんだね。子どもの心をあんなに傷つけておいてさ」

私も、あまりのことに言葉を失った。

小学校教師でも、左翼インテリの端くれだろう。「警察官・自衛官の子は立っていなさい」などとひどいことをしておきながら、忘れているのだ。

すると、官邸に乗り込んできた菅氏や仙谷氏らも、S女史と同様忘れてしまったのだろうか？　S女史の場合は集団催眠、集団ヒステリーの犠牲者の一人で、本当は悪い人ではなかったのかもしれない。老婦人になって、昔の教え子に偶然会って嬉しかったのだろう。

しかし、警察官が九九〇日で一万二〇〇〇人も重軽傷を負った、あの第二次安保闘争を指揮した全共闘極左暴力集団のリーダーだった人物は、きちんと自己批判し、総括をし、公的暴力装置などと呼んだ自衛隊、警察機動隊に対し、公式に謝罪すべきだ。S女史のような愚かな無邪気さと話が違う。

S教師の一件は、とても苦々しい。父親が警察官だというだけでいじめられ、体罰を受けた次男にとっては、一生許せない教師だろう。それがその父親のファンになって、今ではテレビをよく見ているという彼女の鈍感さも、左翼の人間の象徴として、私は不愉快であった。

⑭死刑囚一三〇人!!

裁判員制度も始まり、国民が司法に参加する機会、司法制度について考える機会が増えた。三月下旬、小川敏夫法務大臣は一年八カ月ぶりとなった死刑を執行した。今回執行されたのは三人だが、それでもまだ一三〇人もの死刑囚がいる。死刑囚の数は増える一方である。

内閣府が五年ごとに行う「基本的法制度に関する世論調査」では、「**存続はやむを得ない**」**という回答が一貫して増え**続け、最新の調査では八五・六%にのぼっている。**裁判員裁判でも死刑が支持され、厳罰化の方向**だ。

死刑という制度は、昔は「人を殺したら死刑」という応報主義が根本にあり、単純明快だった。そこへ「罪を犯したのは社会に責任がある」「本人に更生の可能性がある」という、教育刑主義が入ってくる。

思想や主義主張は時代により、変遷があるから、教育刑主義が全盛期だった一九八〇年代の後半から九〇年代前半にかけて、自民党の法務大臣が何人も執行命令書への署名を拒否している。

私の意見を述べると、宗教上の理由などさまざま事情はあるだろうが、署名できないのなら、最初から法務大臣を引き受けるべきではない。法務大臣には死刑執行が法律で義務づけられているという認識で、受けるべきなのだ。

九〇年代前半、署名を再開したのは、一九九二年に宮澤改造内閣の法相に就任した後藤田正晴氏だった。

「刑事訴訟法」四百七十五条には**「死刑判決確定後六カ月以内に、法務大臣が執行を命令しなければならない」**とある。

有名無実の規定にしてしまうのは「法治国家として望ましくない」という考えから、三年四カ月ぶりに死刑が執行された。

しかしそのために、後藤田氏は七〇人ほどの死刑廃止論者から松山地裁に集団告訴されたのだ。たしか、著書の中で死刑再開について述べた部分により精神的苦痛を受けたとかで、「一人につき一〇万円払え」などという内容だったと思う。

私は「法務大臣の職責を果たしたのに、個人として責任を負うのはおかしい」とずいぶん憤慨したものだが、民事裁判は応訴しないと確定してしまう。後藤田さんは応訴し、かなりの時間がかかったが、これに勝った。

ところが東京でまた裁判が始まった。刑事事件なら一事不再理なのだが、民事は違う。管轄の裁判所を変えて、最初の七〇人とは違う原告が告訴（うち一三人は前訴と同じだったのだが）すると、また始まるのである。今度は慰謝料と全国の図書館・大学所蔵の著書に正誤表を貼ることを求めたらしい。

これも地裁が原告の訴えを棄却したのだが、裁判継続中に後藤田さんは亡くなった。未亡人や息子さんに、「これで終わったんですね」と聞いたら、そうではなかった。

相続では、プラスの財産もマイナスの財産も受け継ぐことになるので、訴訟も遺族が引き継がなくてはならない。後藤田さんは著書がベストセラーになっていたので、きっと原告は部数を調べ、「総計で一〇〇万部も売れて儲《もう》かったのだから」と吹っかけてきたのだろうか。こんな無法な話はない。

戦後、在任期間に対してもっとも多く死刑を執行したのは、一九五四年に在職わずか二カ月だった法務大臣・加藤鐐五郎《りょうごろう》氏だといわれる。戦後の治安の悪かった時期であり、凶悪事件が多かった時代、正確な実数は不明だが、十数人の死刑囚に対して執行命令を出したとされる。加藤氏は医者だったために「藪《やぶ》医者だから、人を殺すのも慣れているんだろう」と、相当な悪《あく》罵《ば》を投げつけられたようだが、「死刑判決を受けたまま、長く飼い殺しにされるほうがよほど残酷だ」と述べたという。

近年では安倍内閣の長勢甚遠《ながせじんえん》氏、安倍改造内閣と福田内閣で鳩山邦夫氏が、それぞれ一〇人、一三人の執行署名をしている。

鳩山法相のときから、**死刑囚の氏名が公表されるようになり、存続か廃止かの議論も活発化**してきた。それぞれに主義主張や宗教的背景があるだろうから、死刑廃止を求める人がいるのも当然だ。

民意は死刑存続を求めているが、死刑廃止論者は声高に主張、行動するので、ともすれば死刑廃止が順当であるかのような雰囲気にも流れがちだ。

死刑廃止論者には、選挙の際に死刑廃止を掲げる候補者を立てることを求めたい。民意が集まって当選したなら、死刑に代えて終身刑にするなど法律を変えればよい。法廷の前でスクラムを組んだり、横断幕を掲げたりするのは止めるべきだろう。

また、イデオロギー的背景を持った死刑囚、社会的に話題を呼んだ死刑囚は、長期にわたって収監されたままになりやすい。一〇年、二〇年と「飼い殺し」になり、連合赤軍の永田洋子のように、執行されないうちに脳腫瘍《のうしゅよう》にかかり、国費で治療を受けて死亡した例もある。これも納得しかねる。

もし**応報主義がよくないというのなら、法律を変えていくこと**だ。裁判官、検事、弁護士の経験がある小川法相は、法律に従って職責を果たしたのである。

教育刑主義が幅を利かせすぎると、簡単には死刑にならないと思う人間も増えてくる。死刑存続を八割以上の国民が支持しているのは、そうした風潮に恐れを感じているからだろう。死刑が確定しても、執行されないとなったら、社会の不安はさらに高まってしまう。

教育刑主義が行きすぎると、悪用する弁護士も出てくる。これは、われわれの平穏な生活が脅かされることにつながっていく。

典型的な例が一九九九年四月に発生した山口県光市母子殺害事件である。

この事件で、一審の山口地方裁判所は死刑の求刑に対して無期懲役、二審の広島高等裁判所は検察の控訴を棄却した。一審、二審の判決理由は、犯人が十八歳一カ月の「少年」であり、「反省の情が芽生えている」「更生の可能性がないわけではない」というものであった。

犯行の残虐さや、遺族の感情を逆撫《さかな》でするような言動をする被告に対して、弁護士は「強姦目的ではない。甘えの気持ちで抱きついた」「乳児を殺すつもりはなく、泣き止ませるために首に蝶々結びしただけ」などと、死刑回避に手段を選ばなかった。

まさに教育刑主義の悪用というほかはない。義憤に駆られた橋下徹弁護士が、テレビで被告人弁護団の懲戒請求を呼びかけたことは本書の冒頭で触れたとおりである。

検察の上告に最高裁判所は、広島高裁の判決を破棄、最高裁で差し戻し審が開かれ、事件後九年を経て死刑判決、最終的に死刑が確定したのは今年三月一日のことだった。

殺された女性の夫であり、一一カ月の女児の父親であり、犯人の死刑を求めて戦い続けた本村洋さんに、私は深く敬意を表する。彼は私怨《しえん》ではなく、被害者になる可能性のあるすべての日本人のために犯罪被害者の会を設立して、「犯罪被害者等基本法」の成立にも力を尽くしたのである。

⑮なぜ元総理全員にＳＰが？

今、**元総理で身辺警護を受けている政治家が、少なくとも一二名いる**。政権交代が烈しい上、長寿社会なので、前官礼遇でＳＰをつけるとこういうことになるのだが、中曽根・海部・細川・羽田・村山・森・小泉・安倍・福田・麻生・鳩山・菅といったこれまでの総理にそれぞれＳＰが複数ついているのだ。私邸に交番も設置されている。

この政治家たちを暗殺しようというテロリストが、はたしているだろうか。

もともと元総理へのＳＰ配置システムは、年に三人も総理が交代して、こんなに大勢の元総理が出現することを想定していなかった。天下の奇観である。

現行の元総理へのSP配置は、もう止めてもよいのではないだろうか。せめて前三代に限るなどという形に改革すべきだ。

本当に護らなくてはいけないのは、橋下徹大阪市長のような政治家たちだろう。

志の高さ、正義感と勇気を持つ橋下氏は大阪府知事を経て「大阪維新の会」代表になり、同時に大阪市長として辣腕《らつわん》を振るっている。タブーを恐れず、敵をつくることを厭わない行動力に、大阪市民だけでなく日本中が期待をかける。

しかしそれだけに、本当の意味で危険も大きい。先日、警察庁の後輩に「絶対に橋下市長が暗殺されてはいけない」と、厳重身辺警護を提案したところ「やっております」という頼もしい答えが返ってきた。

ただ橋下氏には夫人と七人の子どもがいる。家族も守らなくてはいけない。所在確認のGPS、非常ベルで最寄りの交番からすぐ駆けつけるシステム、巡回連絡を毎日してこれ見よがしに警官が立ち寄る姿を見せて、厳重に家族を守っている様子を示すようアドバイスした。それが実際に始まっている。

映画『ミンボーの女』をつくった伊丹十三《いたみじゅうぞう》監督は、公開一週間後に暴力団に襲われ重傷を負っている。勇気を持って行動すれば暴力団も引き下がるという内容に腹を立てた暴力団員五名の犯行だった。

私は「暴力団壊滅にこれだけ力を貸してくれた人を守っていなかったのか」と警察庁幹部を

叱《しか》りつけた記憶がある。警察庁長官以下、試写会にも呼ばれていたのだった。

大阪府知事として橋下氏は、「街頭犯罪ワーストワンを返上する」と宣言し、総合的な治安対策を実施して、街頭犯罪件数とひったくり件数の全国ワーストワンを返上している。また警察官の定員削減に「彼らはわれわれの安全を守ってくれている人たちです。絶対に減らさない」と言って反対し、逆に増員する予算を組んでいる。

さらに暴力団の資金源を断つような施策も指示していて、危険度は高いのだ。伊丹監督のときの失態を、重ねてはならない。

やや話がそれたが、国民を守る具体的な施策のできる政治家として、**私は橋下氏を高く評価する**。凡百の政治家、看板倒れの政党が雪崩を打つように、橋下氏と「大阪維新の会」との連携を画策している。政権にしがみつきたい民主党も、すり寄らざるを得なくなって接近している。そのこと自体、ダメさ加減を示しているのに、当人たちは気づいていないのだろうか。

こうして〝平成の七不思議〟を思いつくまま列挙していたら、七不思議と題したものの、あっという間に一五不思議になってしまった。まだまだある。これらも今後改革していかなくてはならない。

■国民へ「大政奉還」せよ

有権者の負託を受けた偉い偉い国会議員なのだから、官僚は命令に従う義務がある——「政治主導」を掲げて無残な失敗に終わった民主党は、そう考えていたフシがある。

看板だったマニフェストがことごとく反故になったのは、フィージビリティ（実現可能性）を検証することも、関係省庁に根回しや交渉をすることもなく、**命令すればよいと信じていた**からだ。無論、大間違いである。

政権交代にあたって、民主党議員の若さはたしかに魅力であった。松下政経塾出身で、政策立案能力もありそうだと思わせる政治家が、弁舌も爽《さわ》やかに「政治主導」を語っていた。私も、志の近い人たちに期待した。しかし、実力が伴っていたとは言い難い。将来、よく勉強したら立派な政治家になるだろうと思った人々が、ことごとくダメだった。知識、経験とも浅く、勉強不足なのに知ったかぶりをするのだ。

一例を挙げる。菅内閣で官房副長官を務めたのは、**松下政経塾第十一期の福山哲郎氏**だった。たいへん嘱望されていたのだが、大震災のあと、「安全保障会議設置法をなぜ使わない」という自民党の質問に「安全保障会議というのは総理の諮問機関で、結論が出るのに時間がかかります」旨答えたのだ。

だが**諮問機関だったのは国防会議**だ。諮問機関で何の機能もしなかったので、これを廃止して、一九八六（昭和六十一）年七月一日、速戦即決の安全保障会議にしたのである。

しかも福山氏は「安全保障会議の諮問の対象に災害や地震はなっておりません」と言った。啞然《あぜん》とした。勉強不足も甚だしい。

幾多の議事録に安全保障会議の対象のひとつが「人命の危機、治安問題を伴う関東大震災のごとき自然災害」という後藤田答弁が残っている。「ダッカのごときハイジャック」「ミグ25亡命のごとき国際事件」「大韓航空機撃墜事件のごとき重大事件」そして「関東大震災規模の大震災」の四つを**内閣官房長官所管の「国家危機管理」**と明確に答弁している。

よくも白々と知ったかぶりの誤答弁をするものと呆れた次第である。

一九八六年十一月、三原山の噴火で全島避難を担当したのはこの私である。災害対策基本法による担当官庁である国土庁ではできないと見て、中曽根総理が発足してまだ四カ月の内閣安全保障室に担当を命じ、安全保障会議第一号として実施したのだ。

私は思わず、テレビの生放送で「国会議事録を見ろ。何にも知らないな、この若い人は」と言ってしまったのだが、所管の責任官庁である内閣官房の副長官が安全保障会議の所管事項じゃないと平然と言う姿にひどく失望したのだった。

だが、考えてみると無理もない。大島三原山の大噴火で島民・観光客一万三〇〇〇名全員を死者もなく東京に避難させるという災害史上空前の大作戦を、中曽根総理と後藤田官房長官の下で遂行したとき、この福山副長官はまだ社会人一年生で、政治は素人だったのだから……。

民主党では政策決定のプロセスとして、与党議員の意見も聞きながら省単位で政策会議を行い、**大臣、副大臣（一〜二名）、政務官（一〜三名）の政務三役が政策案をつくる**。これを閣議に持ち込む仕組みだという。

政務三役が政策立案に明るければいいが、政務三役で合計七〇名もの「人材」が民主党にいるはずもない。それでも知識が足りなければ勉強すればいい。先例に学んで官僚をうまく使いこなすことが絶対に必要だった。そうでなくては「政治主導」は機能しない。ところが「決定して命令するのが政治家だ」と信じ込んでいるものだから、官僚を排除し、少しでも問題が起こると怒鳴りつけた。

極端だったのが菅総理である。徹底して官僚を嫌い、官房長官や党幹部との打ち合わせを含め、**五人の総理秘書官をすべての打ち合わせから排除**したというから常軌を逸している。怒鳴り散らしていたのは大震災、原発事故の際だけではなかったのだ。

法案が作成できても、成立させるにはさまざまな根回しとか交渉ごととか、経験や力量が必要になる。それが足りないと、結局は官僚のシナリオ通りに動くことになる。

皮肉なことに「政治主導」を看板にしたことが、**「官僚主導」の強化**につながったのである。

■思い上がるな、若き権力者たちよ

舞い上がってしまった偉い偉い民主党の国会議員の傲慢ぶりを、私も体験する機会があった。

東日本大震災の少し後、内閣府から私の事務所に電話があった。**特命担当大臣**（「新しい公共」担当、科学技術政策担当）だった**玄葉光一郎氏**（松下政経塾第八期生）の指示で「復興に関するご意見を伺いたい」のだという。秘書が問い返すと、玄葉氏本人のたっての希望だという。

彼は将来を嘱望されてはいたが、政府内の権限も限られる若手の一人である。天下の大浪人ではあるけれども、総理大臣、あるいは官房長官に助言をしてきた私としては、格落ちしたようで、中曽根内閣の五室長時代以来の盟友である的場順三氏に電話して「どうしたもんだろう」と相談した。

的場氏からは「助言してあげたほうがいいのではないか。年下でも責任ある地位に就いているんだし、後藤田さんだったら『助けてやれ』って言うはずだ」という答えが返ってきた。

よし、なんとかいい政治をしてもらうため、格がどうのなどと言わず、アドバイスしようと決めた。

日時と場所が決められた際、先の内閣府の役人が「上司二人が伺いますのでよろしく」と言う。玄葉氏の上司といえば菅・枝野両氏ということだろうか。菅総理が今さら私を呼ぶのは気恥ずかしいから玄葉氏を通したのかとも思った。

念のため「上司二人というと総理と官房長官ですか」と問い合わせた。

「いえいえ、上司は課長補佐と課長です」

「君は？」

「主査でございます」

要するにヒラの役人、課長補佐、課長に対してレクチャーさせて、玄葉氏はそのレジュメでも上げさせようというのか。玄葉氏は自分で教えを受けるつもりもない。私は、あまりの常識のなさに呆れて断ったのだった。それでいて、記者会見では「経験豊かな人たちの意見を、私は聞きます」ということを言っていたから、そうやって部下たちをOBたちに会わせ、その結果を聞こうという〝**上司目線**〟の姿勢だったことは間違いない。

野田内閣で外務大臣となった玄葉氏は、**戦後最年少（四七歳）での外相就任**らしい。若手のホープとして鼻息も荒いのだろうが、「これは政治主導だ」と言って、外務官僚を怒鳴っていると聞く。初めての外務大臣のポストで人々は寄ってくる、女性にもてる、マスコミにちやほやされる、それこそ天下をとった気分だろうが、政変でそのポストを去ったときに人の心がいかにうつろいやすいものか、潮が引くように自分の周りの人々がたちまち去ってしまう、寂しい思いを、もうじきイヤというほど学ぶことだろう。

自民党の没落の原因は「傲慢（ヒューブリス）」だった。ギリシャ悲劇の永遠のテーマである。テュケ女神が人間を幸せにし、富と権力を与える。するとアテ女神が成功した人間にありとあらゆる悪徳を教え込む。すると人間は傲慢になる。すると復讐の女神ネメシスが登場して、傲慢になった人間に罰を与える。

民主党の若手議員も、今反省しないと同じ道をたどることだろう。

傲《おご》るな、民主党の若い未熟者の権力者たち!!

こうした勘違いした政治家による政治主導が、ますます官僚主導を強めることになり、本来の主権者である国民は置き去りにされている。政治への閉塞感、日本の将来への不安感の募る今、維新を求める声が湧《わ》き起こるのは当然だ。

龍馬は「船中八策」の最初にこう掲げている。

一、天下ノ政権ヲ朝廷ニ奉還セシメ、政令宜シク朝廷ヨリ出ヅベキ事

これは、中央集権して民族国家をつくり、富国強兵しないと日本は植民地にされてしまうという危機感によって蹶起《けっき》した坂本龍馬の心からの叫びである。今、「平成の船中八策」では「天下の政権を国民に奉還せしめ」なくてはならない。

国民へ大政奉還せよ——その方針を示し、治安・防衛・外交・安全保障の基本姿勢を明確にする政党、政治家を国民は待望している。この国難を救う本物の政治家は誰か、私も刮目《かつもく》して見極めたいと思っている。

平成の現代、天皇は「権威」であって「権力」ではない。天皇親政、大政奉還といっても、天皇に奉還して富国強兵政策をとるわけにはいかない。

この「救国の八策」で説いていることは、主権在民の民主主義国家なのだから、大政を主権者である国民に返還し、**解散総選挙によって政治についての信任投票をすることが「大政奉還」であるということである。**

そして「国家危機管理」、すなわち一九八六（昭和六十一）年七月一日、当時の中曽根康弘総理の下、後藤田正晴官房長官が断行した「中央集権」は、今後も強化しなければならないということである。

道州制も地方分権も推進すべきだが、①ハイジャック　②ミグ25亡命のごとき特殊な亡命事件　③大韓航空機撃墜事件のごとき特殊な重大国際事件　④治安と人命の危機を伴う関東大震災規模の自然災害、は総理の非常大権に基づいて内閣官房長官が統括指揮をするという「中央集権」を、今後も断行すべしということだ。

この場合、大政奉還の相手は、天皇でも国民でもなく、「**内閣総理大臣**」である。

今回の3・11では、津波の被害に「福島第一原発事故」という巨大な人災が加わった。野党だった頃の民主党、とくに前原誠司氏（現政調会長）、松原仁氏（現国家公安委員長）、長島昭久氏（現総理補佐官）らが、「武力攻撃事態対処法」が国会で九七％の賛成で成立したとき、「これでは国民不在だ」と強く主張して、これまたほとんど満場一致（反対は共産党二〇票、社民党一八票）で成立させた「国民保護法」の第百七条には「放射性物質等による汚染の拡大防止」の条文もある。

民主党は「武力攻撃事態等の『等』とは9・11のような事件である」といい、「東日本大震災と福島第一原発事故は『武力攻撃』を受けたのではないから」と「安全保障会議設置法」や「国民保護法」の適用としなかったと弁解したが、**国民保護法には「警報—避難誘導—緊急輸送—緊急治療—被災民の保護」そして「放射性物質の汚染防止」と、今回の大災害で行うべき対処のすべてが書かれている。**

民主党内閣の不勉強あるいはイデオロギー的偏向は、誠に許し難いものがある。

必要ならば「安全保障会議設置法」の改正も視野に入れ、安倍晋三元総理が試みて挫折した「緊急事態対処法」を再び法制化して、国家安全保障会議を設置して国家的危機に対処する体制づくりを行うべきだろう。

もうひとつの「政治危機」は、**政治決断のできない民主党政治**そのものである。

なぜ今頃「小沢一郎」なのだろう。それに鳩山由紀夫氏、輿石東氏がキング・メーカー顔で跳梁跋扈しているのか。

小沢氏は刑事被告人である。彼の一審無罪はまさに平成の七不思議のひとつだ。ダーティーな政治屋で、週刊誌報道によれば、３・11のあとは卑怯にも放射能から逃げたという。この日本の政治危機において、表に出してはいけない人物なのである。

その小沢氏がまた、消費増税をめぐる民主党の内紛で、新党を立ち上げた。

過去の事例によると、鳴り物入りで新党を結成した河野洋平氏の新自由クラブも、ふたを開けてみたら一一名どまり、細川護熙氏の日本新党も三五名だった。ことほど左様に人間は、とくに〝政治屋〟は、「**知らない悪魔より知っている悪魔を選ぶ**」から、なかなか造反にふみきれないものだ。

ところが六月二十六日、消費税増税法案の採決で、小沢一郎氏や鳩山由紀夫氏ら五七人の与党・民主党議員が反対票を投じた。棄権・欠席者は一六人いて、民主党は事実上の分裂状態に陥った。

さらに七月二日、小沢氏は情勢を判断して、自らに近い議員らを率いて離党届を提出した。この期に及んで、まだ権力闘争に執念を燃やしているのである。もっともらしく「増税反対」を掲げて新党をちらつかせてはいるが、目先の選挙大事の行動であることは誰の目にも明らかだろう。

一連の事態はきわめて重大なことで、いかに今の民主党がダメかを物語っている。民主党は離党届を出した三七人の衆院議員を除籍処分とし、反対票を投じながら党に留まる者を党員資格停止としたが、**議会責任民主政治の終焉**を見る思いだ。

議会制民主主義が機能しなくなり、国民の既存政党と民主主義への失望によって崩壊したワイマール共和国の末期に酷似しているのだ。ワイマール憲法は、国民主権、男女二十歳以上の普通選挙、議院内閣制を定めたかつて世界でもっとも民主的な憲法といわれ、ワイマール共和国は民主主義国家の見本のように目されたが、あしかけ一五年で崩壊し、国家社会主義（ヒトラー率いるナチスドイツ）が合法的に政権奪取したのだ。

ひるがえって現在の日本を見ると、機能不全の議会制民主主義、既存政党と民主主義への国民の失望はいよいよ現実となっている。非常に嘆かわしく、今、私には、**国家社会主義の足音**が聞こえている。

あとがき

日本民族は、近代世界史の中で類例を見ないようなアップ・ダウンを経験し、それはまるでエレベーターに乗ったかのようである。

黒船来航以来わずか百五十余年の間に、戦争に次ぐ戦争で勝利を得て四等国から世界五大列強に数えられる一等国へと駆けのぼり、そして戦争により再び元の四つの島の四等国に転落した。手ひどい敗戦に懲りて戦争放棄を宣言し、商人国家として再建を目指してそれに成功し、世界第二の経済大国として一等国に返り咲いた。しかるに今、中国に追いつかれてあらゆる分野で衰頽《すいたい》が始まり、いまや二等国にずり落ちようとしている。

エレベーターは、昇りの限界に達して降下を始め、民主党の政権交代はわずか三年足らずの短い間に**日本の独立さえ危ぶまれるほどの危機**を招いている。

全共闘の団塊の世代は、懸念されていたとおり「**破壊の世代**」だったようだ。

私ども明治生まれの父母を持ち、死と隣り合わせの少年時代を過ごして飢えと屈辱の青春を送り、父の負の遺産を相続し、権利の前に義務を考え、日本再興のために滅私奉公した昭和一《ひと》桁《けた》世代は、それぞれの分野で日本を一等国へと再建することにいささか貢献したという自負を抱いている。その世代の一人として、全共闘の世代、六〇〜七〇歳くらいの連帯無責任な世代が、日本を再び滅ぼそうとしていることは我慢ならない。

これでは、孫の代はまた明治維新の時代のような朝貢国化の危機に見舞われるかもしれない。

近年、ＮＨＫのドラマ『龍馬伝』や『坂の上の雲』で日本民族が目を覚ましかけ、とくにみんなが忘れていた坂本龍馬の「船中八策」が議論されるようになって喜んでいたら、三年近い民主党の失政によって前より悪くなってしまった。橋下徹大阪市長の「大阪維新の会」も、私の期待を裏切って日本の独立を守り、日本国民の生命・身体・財産を守る治安・防衛・外交・危機管理を度外視した「船中八策」を掲げたことに失望した。

幻冬舎より既刊の『彼らが日本を滅ぼす』『ほんとに彼らが日本を滅ぼす』で、民主党に反省を求めた。しかし読者の一部から、**「他人を批判ばかりしていないで自分の考えを言え」**というご意見もあったことから、今回私の**「救国の八策」**を示すことで世に問うこととした。

それは、遺言になるかもしれない。脊柱管狭窄症《せきちゆうかんきようさくしよう》をはじめとする加齢性の疾患が次第に進行して歩行が困難となり、余命いくばくもないことを悟ったからか、全共闘世代はあきらめて三十歳代、四十歳代に呼びかけようとしているのが本書である。


一九四五（昭和二十）年以来六七年間、日本は戦争をしていない。平和ボケはひどい。日本は他国から無法な軍事攻撃を受けてもすぐに手を上げる情けない国になってしまったのかと憂鬱になるときもある。

だが近年、サッカーのワールドカップをテレビで観戦していると、「もしかするとこの代表選手たちが、日本の青年男女を日教組に代わって教育してくれているのかもしれない。まだ日本は大丈夫だ」と考えるようになった。

サッカーとは昔、敵将の首を蹴って勝利を祝う獰猛なゲームだったと聞く。ワールドカップは、今の青年男女にとって戦争の代償行為なのかも知れない。あの会場を揺るがすニッポン・コール、日の丸の海、自然に沸き上がる君が代の大合唱、顔面の日の丸ペイント。あれはいったい何だろう。

文部科学省が果たせなかった愛国心教育を、あの日本代表選手たちがごく自然に果たしてくれているのかもしれない。

石原都知事の尖閣諸島購入の宣言から一カ月あまり、一一億円を超す寄付金が集まったという。

朝日新聞の若宮啓文《よしぶみ》主筆以外のマスコミの大半は、国がやるべきであるがとの条件付きで石原都知事を支持した。国会での「(尖閣購入は)本当は国がやるべきだ。東京がやるのは筋違いだが、やらざるを得ない状況だ」との発言も国民から支持され、都議会では民主党も知事の支持にまわった。

これらのことは、**まだ日本は大丈夫**と、私を勇気づけてくれる。

サッカー日本代表の選手たちに、「ありがとう」と言いたい。


この本を手にとりお読みいただいたことに感謝する。

また本書を刊行するにあたっては幻冬舎の見城徹社長、森下康樹氏、フリー編集者の五反田正宏氏、佐々事務所の三浦佳代子氏にお世話になった。深甚なる感謝の意を捧《ささ》げる。

佐々淳行

二〇一二年七月

本書は書き下ろしです。

〈著者紹介〉
佐々淳行　1930年東京都生まれ。東京大学法学部卒業後、警察庁入庁。以来約35年にわたり、警察・外務・防衛各省庁や内閣安全保障室でわが国の危機管理に従事し、東大安田講堂事件、連合赤軍あさま山荘事件などの事件処理を指揮。89年、昭和天皇大喪の礼警備を最後に退官。「危機管理」という言葉のワードメーカー。第54回文藝春秋読者賞、第48回菊池寛賞、第22回正論大賞受賞。2001年勲二等旭日重光章受章。『「危機管理・記者会見」のノウハウ』（文春文庫）、『国家の実力』（致知出版社）、『彼らが日本を滅ぼす』『ほんとに彼らが日本を滅ぼす』（小社）など著書多数。

救国の八策
2012年7月25日　第1刷発行

GENTOSHA

著　者　佐々淳行
発行者　見城 徹

発行所　株式会社 幻冬舎
〒151-0051 東京都渋谷区千駄ヶ谷4-9-7

電話：03(5411)6211(編集)
03(5411)6222(営業)
振替：00120-8-767643
印刷・製本所：中央精版印刷株式会社

検印廃止

ISBN978-4-344-02199-0 C0095
幻冬舎ホームページアドレス　http://www.gentosha.co.jp/

この本に関するご意見・ご感想をメールでお寄せいただく場合は、
comment@gentosha.co.jpまで。